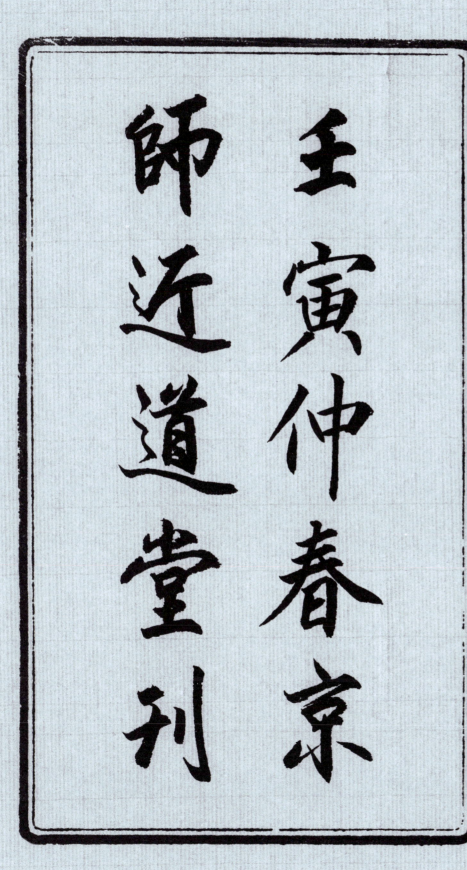

書香傳家

毛佩琦書

壬寅仲春京師近道堂刊

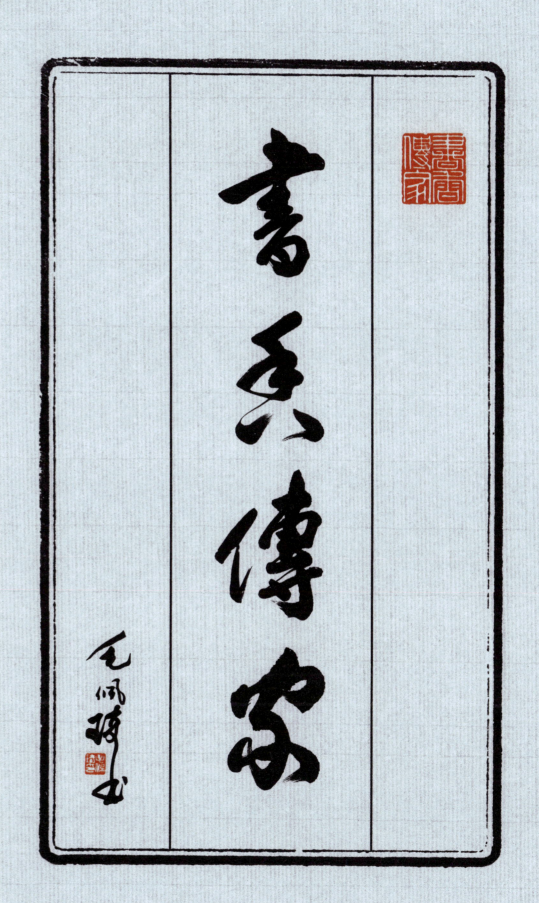

孫世良 繪
崇賢書院 編譯

第一冊

中國京劇經典臉譜

北京聯合出版公司

書香傳家系列圖書學術顧問

樓宇烈（資深國學名家、北京大學哲學系教授）

閻崇年（著名歷史學家、央視《百家講壇》主講人）

毛佩琦（中國人民大學歷史系教授）

王守常（北京大學哲學系教授）

任德山（人文學者、央視有綫173書畫頻道主講人）

呂宇斐（中國美術學院視覺中國協同創新中心客座教授、研究生導師）

孟憲實（中國人民大學歷史系副教授）

楊朝明（原中國孔子研究院院長、原國際儒學聯合會副理事長）

董平（浙江大學哲學系教授）

杜保瑞（上海交通大學特聘教授、臺灣大學哲學系教授）

張辛（人文書法家、北京大學考古文博學院教授）

辛德勇（北京大學中國古代史研究中心教授）

余世存（文化學者、暢銷書作家）

書香傳家系列圖書出版編纂委員會

主編

李克（崇賢館館長）

叢書題字

毛佩琦（中國人民大學歷史系教授）

裝幀設計

孫世良　周　亮　楊延京

出版編輯委員會

路　茸　王德重　李宏濤　黃玉蘭　譚　爽　張少華

排版製作

趙樂紅　趙軍安　朱　澤

前言

京劇是中國戲曲中最大的劇種，它吸收了徽、漢、昆、秦、梆各個劇種之精華，劇目繁多，臉譜完善，譜式新穎，蔚爲大觀。京劇演員各行當都經過化妝，由固定譜式有效地表現出人物的品貌、身份、性格、特徵。臉譜以舞台表演爲第一應用，它的產生源於生活，現於舞臺，臉譜使人能目視外表，窺其心胸，具有「寓褒貶」、「別善惡」、一目瞭然的藝術功能。京劇是在提高的原則下普及，在普及的基礎上提高的綜合藝術，唱、念、做、打、舞無一不精，被世人稱爲「國粹」，臉譜又稱爲「國粹中國粹」足見其藝術價值。

臉譜是用寫實與象徵相結合的藝術誇張手段，鮮明地表現出衆多歷史人物的面貌，用綫條、顔色、圖案突出其性格及各異的特徵。翁偶虹先生說：「中國戲曲臉譜，胚胎於上古的圖騰，濫觴於春秋的儺祭，孳乳爲漢、唐的代面，發展爲宋、元的塗面，形成爲明、清臉譜。」正是源於歷史的演變，再經過歷代戲曲演員漸進的實踐，逐漸加以完善而形成固定譜式。

臉譜目前有三大類：一是舞臺實用臉譜，二是案頭積累臉譜，三是工藝美術臉譜，三者缺一不可，併駕齊驅，各有所長。另外從美學觀點來看，對臉譜藝術，一方面欣賞它是戲曲中一種特有的造型藝術，一方面又欣賞它是一種富有裝飾性的圖案藝術，亦可列於書畫美術之林。

孫世良早年受教於中國戲曲學院音樂系，後到中國京劇院工作，對臉譜情有獨鍾，後有幸得到翁老指教。他多年來潛心收集、研究、繪畫，筆耕不輟，所畫臉譜可觀，其譜式規範，體系嚴整，精而不俗，所繪臉譜筆精墨飽、細膩傳神、鋒尖犀利、刀砍斧齊，用色獨到、神態生動、栩栩如生。此次出版收納其多年所繪精品，圖文並茂，實爲不可多得的臉譜藝術佳作。

近道堂

辛丑季冬記於京師

目錄

第一冊

第二冊

鼠

見於京劇《大破萬僊陣》。取材於《封神演義》。虛日鼠原名周寶，由獸修煉成僊。周武王伐紂。通天教主設萬僊陣阻周軍。姜子牙請來元始天尊，截、闡兩教大戰萬僊陣。截教一敗塗地，通天教主被擒，周軍大勝。此譜爲灰色象形臉，仿高榮奎先生筆意。

牛

見於京劇《天河配》。牛郎父母死後與其兄同居一處。嫂子嘎氏挑唆分居，牛郎只分得老牛一頭。老牛是金牛星下界，它教牛郎往河邊取走還在洗浴的織女衣裳並爲他倆婚事爲媒。生兒育女後不想被王母知道，織女被帶回天庭。牛郎攜子女追之，爲天河所阻，二人每年七夕，百鳥搭成鵲橋相會。此譜爲牛象形臉。

中國京劇經典臉譜

第一冊

書香傳家

虎

見於京劇《泗洲城》。泗洲虹橋水母娘娘將儒生烏延玉攝入自己的洞府，想與其成婚。烏延玉假意應允，索要水母的明珠，並將其灌醉，逃出洞府。水母大怒，施法水淹泗洲城。此譜爲白虎星的虎象形臉。

兔

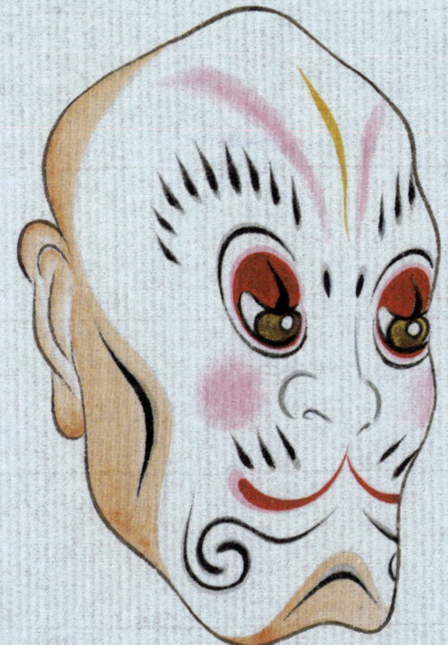

見於京劇《天香慶節》。太陰星君商請太陽星君命玉兔幻化女身偕宋無忌至人間傳月中桂樹之種。金烏素日心羨玉兔，暗隨下界。玉兔既至人間，不欲返回天宮，佔據天池洞中修練。金烏向玉兔求婚不果，又求赤兔爲媒。赤兔誆金烏往尋寶物作聘禮，卻欲自與玉兔成婚。金烏歸後，與玉兔大戰。最後太陽、太陰星君將玉兔、金烏收伏。此譜爲兔象形臉。

龍

見於京劇《泗洲城》。女妖水母盤踞泗洲城，興風作浪，爲害一方，觀音派二郎神、哪吒、青龍、白虎等神兵天將與之格鬥，終將女妖水母降服。此譜爲青龍象形臉。十二生肖臉均屬象形或局部象形臉。

蛇

見於京劇《盜庫銀》。白娘子和許僊結婚後，準備開藥鋪爲民除疾，但是卻苦於沒有本錢。錢塘縣令貪贓枉法，橫徵暴斂，囤積了大量金銀，白娘子便讓青兒率五鬼化成蛇形盜取贓官的庫銀。此譜爲蛇象形臉。

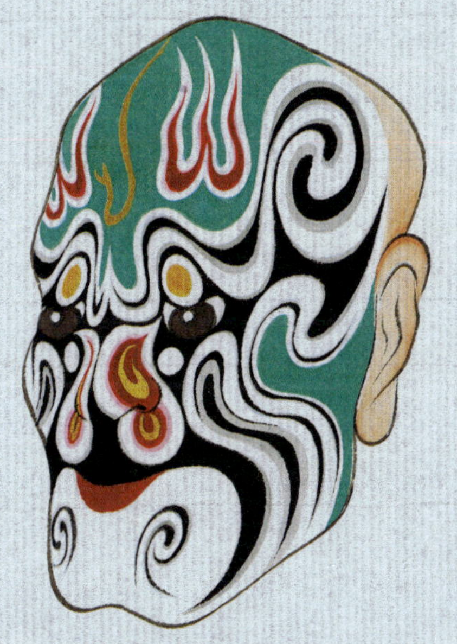

中國京劇經典臉譜

第一冊

書香傳家

馬

見於京劇《萬花樓》。故事發生在宋代，宋王張榜招賢爲皇宮捉妖降怪，時逢狄青進京投親，遂揭皇榜進宮與妖怪交戰。妖怪被狄青捕獲後化爲一匹日月寶馬。此馬原系玉帝派遣特來輔助狄青平西的馬神所變。聖上見狄青降妖輔馬有功加以升賞，太師龐元不服，命狄青與其門婿韓天化比武，爲狄青殺死。此譜爲馬神象形臉。

羊

見於京劇《車遲國》。故事取材於《西遊記》。唐僧等人來到車遲國。有虎、羊、鹿三妖化身道士作怪。迷惑車遲國國主，迫害僧人。爲救護衆僧人，唐僧師徒與三妖鬥法，悟空施法，戰勝三妖。此譜爲羊象形臉。

猴

見於京劇《水簾洞》。故事取材於《西遊記》，孫悟空神通廣大，玉帝欲加以控制，封其爲「齊天大聖」。王母設蟠桃宴，未邀悟空。悟空大怒，攪亂蟠桃宴，回到花果山。玉帝大怒，遣李天王率十萬神兵往擒悟空，反爲悟空所敗。此譜爲猴臉。

雞

見於京劇《盤絲洞》。故事取材於《西遊記》。七個蜘蛛精將唐僧和八戒捉進盤絲洞。想喫聖僧的肉長生不老。孫悟空火燒盤絲洞，請來昴日星官救出唐僧，除去取經途中一大害。此譜爲象形雞臉。

狗

見於京劇《搖錢樹》。劇中楊戩手下扛戟之黃毛童——哮天犬化身。僊女張四姐思凡下界，與崔文瑞結爲夫妻，文瑞家貧，四姐作法爲其蓋房，並植搖錢樹使文瑞陡富，因此文瑞被誣良爲盜囚禁獄中，四姐劫牢救夫與宋將交戰，宋將大敗，宋王焚表祈禱上蒼，玉帝派楊戩、哪吒等率天兵天將與四姐交戰，亦不敵，後經王母娘娘勸服回到天庭，並度文瑞母子成僊。

豬

見於京劇《盜魂鈴》。故事出自於《西遊記》。豬八戒探山路遇女妖金鈴大僊，金鈴大僊有「魂鈴」，能夠攝人魂魄。豬八戒誤盜假鈴，被察覺，女妖搖動真鈴，豬八戒慌忙逃去。幸得孫悟空接應，才打敗群妖。此譜爲豬象形臉。

太乙真人

見於京劇《乾坤圈》，又名《金光洞》。哪吒在乾元山上誤傷女僊石磯娘娘之徒。石磯責問，哪吒不服，與之打鬥，哪吒不敵。哪吒之師太乙真人出面和解，石磯不聽，太乙用九龍神火罩收服石磯。太乙真人臉譜譜式爲紅三塊瓦神僊臉，腦門中間金色的圖案代表了他的身份。此爲齊如山譜式。

姜尚

見於京劇《黃河陣》。周武王伐紂。三僊島雲霄、瓊霄、碧霄三姐妹擺九曲黃河陣，用混元金斗將廣成子等十二真人收入陣中。元始天尊、老子來助姜尚，破陣殺三霄，救出十二真人。姜尚爲興周之宰相，得遇姬昌時已年過七十，後率西岐兵馬推翻殷商。劇中姜尚揉老紅臉，畫白紋理，示其年高。

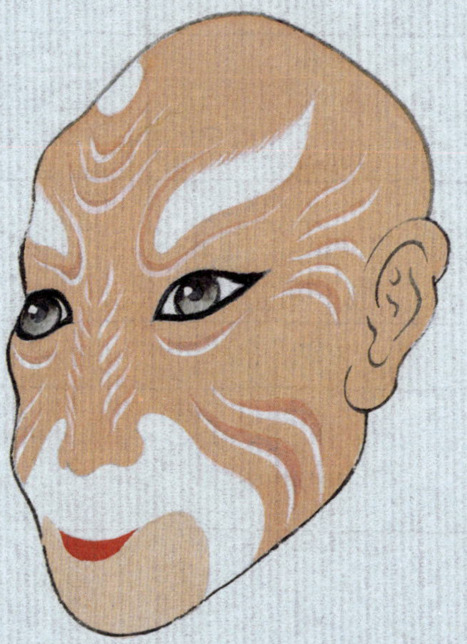

道德真君

見於京劇《大破萬僊陣》。《大破萬僊陣》取材於《封神演義》。周武王伐紂。通天教主設萬僊陣阻住周軍前進。姜子牙請來元始天尊，截、闡兩教大戰萬僊陣。道德真君與姜子牙爲同門師兄弟，爲元始天尊闡教十二大弟子之一。此譜爲神僊臉，金臉，額上勾蓮花。此爲楊鳴慶手繪譜式。

廣成子

見於京劇《大破萬僊陣》。周武王伐紂。通天教主設萬僊陣阻住周軍。姜子牙請來元始天尊等，截教和闡教大戰萬僊陣。截教一敗塗地，通天教主被擒，周軍大勝。廣成子爲闡教原始天尊的十二大門人之一，多次幫助姜子牙，屢建奇功。在劇中廣成子勾金色神僊臉，額間畫紅舍利。

通天教主

見於京劇《大破萬僊陣》。《大破萬僊陣》取材於《封神演義》。周武王伐紂。通天教主設萬僊陣阻住周軍前進道路。姜子牙請來元始天尊，截、闡兩教大戰萬僊陣。通天教主與元始天尊爲同門師兄弟，統領截教門人，勢力龐大，可惜助紂爲虐，其人勾僧道臉。

中國京劇經典臉譜

崇侯虎

見於京劇《封神榜》。故事取材於小說《封神演義》。商紂無道，聽信妲己，天下大亂。崇侯虎爲紂王駕下重臣，受封侯爵，曾爲紂王督造鹿臺。崇侯虎臉譜譜式爲白花三塊瓦臉，白色作爲主色，突出了崇侯虎見利忘義、邀功請賞的性格。

聞仲

見於京劇《絶龍嶺》。故事出自《封神演義》。商代紂王無道，西周起兵。商太師聞仲奉命出征西岐。不想連遭敗績，最後兵潰退至絶龍嶺身死。聞仲臉譜譜式爲紅六分臉，額頭畫有天目，用紅色代表主色，表示忠勇仁義，爲紂王朝中正直老臣。

第一冊

五

書香傳家

張鳳

見於京劇《反五關》，又稱《黄飛虎》、《汜水關》。取材於《封神演義》。殷代紂王無道。紂王見武成王黄飛虎之妻賈氏貌美，欲行非禮，賈氏不從，墜樓身亡。飛虎聞知，與盟兄弟黄明、周紀等反出朝歌，歷經坎坷，突破五關阻攔，投奔西周。

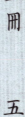

陳桐

見於京劇《反五關》。取材於《封神演義》。黃飛虎與盟兄弟黃明、周紀等反出朝歌，歷經坎坷，突破五關阻攔，投奔西周。陳桐爲五關守將，其譜爲紫膛花三塊瓦臉。

李興霸

見於京劇《伐西岐》。故事出自《封神演義》。商紂派遣太師聞仲討伐西岐，聞仲入深山，訪道友助其伐周，李興霸爲被請四友中之一。

中國京劇經典臉譜

第一冊

六

書香傳家

高友乾

見於京劇《伐西岐》。故事出自《封神演義》。商紂王派遣太師聞仲討伐西岐，聞仲入山請四友助戰，高友乾即是其中被請的一位。

楊森

見於京劇《伐西岐》。故事出自《封神演義》。商紂派遣太師聞仲討伐西岐，聞仲入深山，請四位煉氣道友助戰，楊森、王魔、李興霸、高友乾死後被封鎮守靈霄寶殿四大元帥。

多寶道人

見於京劇《大破誅僊陣》。多寶道人是通天教主四大弟子之首，代師傳設誅僊陣，廣成子三闖碧游宮時，多寶道人面對十二弟子不懼。多寶道人與老子對陣，不敵被捉，老子用風火蒲團擒住送到了八景宮中。其譜式勾金色老臉，腦門火焰示其神通。

魔禮青

見於京劇《佳夢關》。紂王遣魔禮青、魔禮紅、魔禮壽、魔禮海四將伐周，姜子牙不勝，黃飛虎之子黃天化與楊戩助周，各顯神通，將四將殺死。劇中魔禮青，勾藍碎臉。

晁田

見於京劇《伐西岐》。故事出自《封神演義》。商紂派遣太師聞仲討伐西岐，大戰三年，數戰無功，最後損兵折將退至絶龍嶺戰死。紂王又命鄧九公領軍討伐西岐，爲太師報仇，但鄧九公一出五關即被姜子牙用計說降，歸順西岐。其譜爲黃三塊瓦臉。

韋護

見於京劇《伐西岐》。故事出自《封神演義》。紂王派遣太師聞仲討伐西岐，大戰三年，退至絶龍嶺戰死。紂王又命鄧九公領軍討伐西岐，爲太師報仇。但鄧九公一出五關即被姜子牙用計說降，歸順西岐。韋護是道行天尊門人，以降魔寶杵助姜子牙，在伐紂中功勛顯著，劇中他勾金臉，開天目。佛教大廟、大雄寶殿等後門的多供此神立像，即韋陀是也。此爲楊鳴慶手繪譜式。

鄧忠

見於京劇《黄花山》。太師聞仲率兵討伐西周，路過黄花山，將佔山之鄧忠、辛環、張節、陶榮四名大將收降，成了他的左膀右臂。

方勉

見於京劇《十絶陣》。商末，紂王無道，周武王興兵伐紂，爲民除害。截教門人秦完等人擺下十絶陣，阻撓武王進兵朝歌。姜子牙在師兄太乙真人等人的幫助下，大破十絶陣。方勉是西岐一員大將，死於陣中，滅商後被封神。在劇中他勾白色花三塊瓦臉。

姚賓

見於京劇《十絶陣》。商末，紂王無道，周武王興兵伐紂，聞太師約請衆道友，由截教門人秦完等人擺下十絶陣，阻撓武王進兵朝歌。姜子牙在師兄太乙真人等人的幫助下，大破十絶陣，秦完等身死。姚賓是截教門人，十絶陣主之一，破陣時死於赤精子陰陽鏡，後被封爲雷部之神。劇中他勾金膛藍碎臉，目中生口。此爲楊鳴慶手繪譜式。

方相

見於京劇《十絶陣》。紂王無道，周武王興兵伐紂，截教門人秦完等人擺下十絶陣，阻撓武王進兵朝歌。姜子牙在師兄太乙真人等人的幫助下，大破十絶陣，方相原爲殷商鎮殿將軍，後投周，他以凡人之身前去破陣乃劫數難逃，死後被封爲開路神。在劇中他勾黄臉。此爲楊鳴慶手繪譜式。

方弼

見於京劇《十絶陣》。商末，紂王無道，截教門人秦完等人擺下十絶陣，阻撓武王進兵朝歌。姜子牙在師兄太乙真人等人的幫助下，大破十絶陣。方弼原爲殷商鎮殿將軍，後投周，此巨人身高體偉，後來被封爲顯道神。在劇中他勾紅膛花眉三塊瓦臉。此爲楊鳴慶手繪譜式。

袁角

見於京劇《十絶陣》。截教門人秦完等人擺下十絶陣，阻撓武王進兵朝歌。姜子牙在師兄太乙真人等人的幫助下，大破十絶陣。袁角是截教門人，寒冰陣主，後被普賢真人破陣所滅，被封爲雷部天君。在劇中他勾紅碎臉，形如蝴蝶。此爲楊鳴慶手繪譜式。

書氣傳家

趙江

見於京劇《十絶陣》。截教門人秦完、趙江等人擺下十絶陣，阻撓武王進兵朝歌。姜子牙在師兄太乙真人等人的幫助下，大破十絶陣。趙江爲截教門人，地烈陣主，後來被封爲雷部天君。在劇中他勾黄碎臉，黑嘴岔，形象凶煞。此爲楊鳴慶手繪譜式。

秦完

見於京劇《十絶陣》。截教門人秦完等人擺下十絶陣，阻撓武王進兵朝歌。姜子牙在師兄太乙真人等人的幫助下，大破十絶陣，秦完等身死。秦完生得面如藍靛，髮似硃砂，是天絶陣主，後來被封爲雷部天君。在劇中他勾藍色花三塊瓦臉。此爲楊鳴慶手繪譜式。

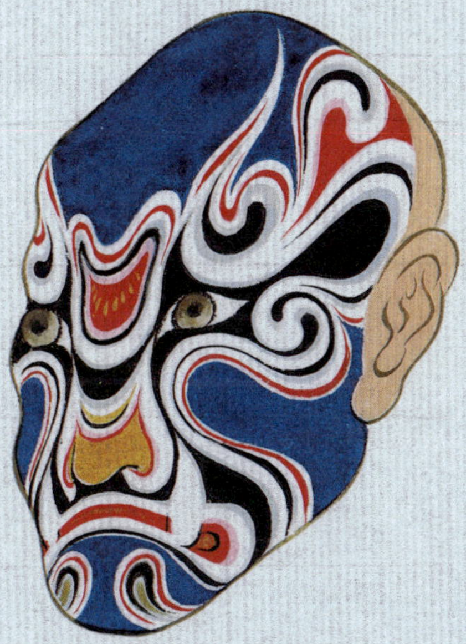

趙公明

見於京劇《九曲黃河陣》。故事取材於《封神演義》。周武王伐紂。三僊島雲霄、瓊霄、碧霄三姐妹擺九曲黃河陣阻之。用混元金斗將廣成子等十二真人收入陣中。元始天尊、老子來助子牙，破陣殺三霄，救出十二真人。趙公明臉譜爲黑六分臉。額面畫一隻眼，兩頰畫金錢。後封爲正部財神。

中國京劇經典臉譜

鄧九公

見於京劇《伐西岐》。商紂派遣太師聞仲討伐西岐，大戰三年，數戰無功，最後損兵折將退至絶龍嶺戰死。紂王又命鄧九公領軍討伐西岐，爲太師報仇。但鄧九公一出五關即被姜子牙用計說降，歸順西岐。在劇中鄧九公勾粉膛老眼窩老臉。

陸壓道人

見於京劇《九曲黃河陣》。陸壓道人射死趙公明。趙公明三個妹妹雲霄、瓊霄、碧霄下山擺九曲黃河陣，將廣成子等十二真人收入陣中。元始天尊、老子來助子牙，破陣殺三霄，救出十二真人。劇中陸壓道人勾粉三塊瓦臉。

第一冊

十

書香傳家

呂岳

見於京劇《瘟瘽》。故事取材於《封神演義》。呂岳是助紂的瘟瘽，他到西岐行瘟，又在穿雲關擺瘟瘽，困住姜子牙，最後死於楊任之手。滅商後他被封爲主掌瘟昊天大帝。在劇中呂岳勾灰碎臉，色調肅穆，示其威煞。此爲楊鳴慶手繪譜式。

申公豹

見於京劇《封神榜》。故事取材於小說《封神演義》。商紂無道，聽信妲己，天下大亂。姜子牙奉師命下山佐周滅商，歷經坎坷，終於攻入朝歌，紂王自焚。姜子牙建封神臺封神。申公豹本爲姜子牙同門師兄弟，後反目成仇，遊説截教弟子助紂反尚，最後被元始天尊塞入北海眼。在劇中他勾粉色花三塊瓦臉。

羅宣

見於京劇《火燒西岐城》。故事取材《封神演義》，劇中羅宣受申公豹唆使，使用法器縱火，燒了西岐城，幸得龍吉公主及時救援施法術以海水將妖火撲滅，羅宣後被封爲火神。勾紫膛花三塊瓦臉，黑灰色花鼻窩顯示煙火充斥，粗眉子勾葫蘆形，發人聯想孟良的火器，該譜源自楊鳴慶手繪。

溫良

見於京劇《雙合峰》。殷郊奉師命下山，本該投奔姜尚，但被申公豹說反，竟助紂伐西岐，途中收編了溫良、馬善二將。馬善原是燃燈佛祖的燈頭化身，最後燃燈道人親到陣前用琉璃燈才將馬善收伏。溫良與哪吒交戰時，被祭起的金磚法寶擊中，楊戩又發彈弓打穿了他的肩頭，落馬而死。溫良藍臉赤發、三隻眼，後被封爲日遊神。在劇中他勾藍色三塊瓦臉。

白鸚鵡

見於京劇《金雞嶺》。金雞嶺守將孔宣接紂王聖旨，力阻周兵，因其有異術，背後放出神光，把眾僊家法寶均收入其光之中，後被西方釋教準提道人，現出法身，迫其就範，原來是隻孔雀，隨佛祖去了西方。劇中白鸚鵡爲其助手。此譜譜式爲鳥臉。此爲楊鳴慶手繪譜式。

陳奇

見於京劇《青龍關》。姜子牙扶周伐紂，攻打青龍關。鄧九公及黃天爵、黃天祥戰死。子牙派衆門人各持法寶前來青龍關助戰，周武王獲勝。陳奇爲殷商青龍關守將之一，有左道妖術，能口噴黃氣傷人，青龍關破後死於亂軍之中，後被封爲鎮守西釋山門之哈將。在劇中陳奇勾粉紅神怪臉。

鄭倫

見於京劇《青龍關》。姜子牙扶周伐紂，攻打青龍關。鄧九公及黃天爵、黃天祥戰死。子牙又派衆門人各持法寶前來青龍關助戰，周武王獲勝。鄭倫爲西岐戰將之一，能鼻出白光傷人，建功頗多，收七怪時死於牛怪之手，後被封爲鎮守西釋山門之哼將。在劇中鄭倫勾黃色神怪臉。

中國京劇經典臉譜

第一冊

十二

書香傳家

張桂芳

見於京劇《青龍關》。姜子牙扶周伐紂，攻打青龍關。鄧九公及黃天爵、黃天祥戰死。子牙派衆門人各持法寶前來青龍關助戰。青龍關丘引敗退，大軍撤出青龍關，武王獲勝。

李雄

見於京劇《大破萬僊陣》。《大破萬僊陣》取材於《封神演義》。周武王伐紂。通天教主設萬僊陣阻住周軍。姜子牙請來元始天尊，截、闡兩教大戰萬僊陣。李雄是截教門人，二十八宿之奎木狼，聽命於通天教主，助紂爲虐，最終死於萬僊陣。劇中他勾金色象形臉，額中畫狼尾，抽象誇張。此爲楊鳴慶譜式。

李道通

見於京劇《大破萬僊陣》。故事取材於《封神演義》。周武王伐紂。通天教主設萬僊陣阻住周軍前進。李道通是截教門人，二十八宿之亢金龍，聽命於通天教主，助紂爲虐，最終死於萬僊陣。劇中他勾十字門臉，有龍形之意，通天紋内藏金龍，被斬於萬僊陣内，以應劫數。

黃龍真人

見於京劇《大破萬僊陣》。周武王伐紂。通天教主設萬僊陣阻住周軍。姜子牙請來元始天尊等，截教和闡教大戰萬僊陣。截教一敗塗地，通天教主被擒，周軍大勝。黃龍真人爲闡教人物，助周伐紂，出力頗多。在劇中黃龍真人勾黃色僧道臉，額間畫金紋，示其法力神通。

中國京劇經典臉譜

第一冊

十三

書香傳家

沈庚

見於京劇《大破萬僊陣》。周武王伐紂。通天教主設萬僊陣阻住周軍前進道路。沈庚是截教門人，受通天教主調遣，抗拒周軍，助紂爲虐，最終死於萬僊陣。劇中他勾藍膛象形臉，巨口獠牙，面目猙獰，形似獸類。此爲楊鳴慶手繪譜式。

餘化龍

見於京劇《攻潼關》。姜尚奉命攻打潼關，被餘化龍用瘟藥將士兵全行迷倒。賴慈航道人救援，始得脫險。再次進兵，無奈餘化龍父子驍勇，楊戩等均相繼敗下，最後由雷震子騰空遥擊，始將餘化龍打死。餘化龍之五子一女，亦均戰死沙場。餘化龍爲殷商大將，在劇中他勾紫三塊瓦臉，額間畫金光，示其死後封神爲碧霞元君。

中國京劇經典臉譜

第一冊

十四

書香傳家

蘇護

見於京劇《攻潼關》。姜尚攻打潼關，無奈餘化龍父子十分驍勇，楊戩等均相繼敗下，蘇護等戰死。最後由雷震子騰空遥擊，才將餘化龍打死。餘化龍的五子一女，也均戰死沙場。蘇護是蘇妲己的父親，原爲殷臣冀州侯，後來反商投周，滅商後被封爲東斗星官。在劇中蘇護勾紅三塊瓦臉。

張奎

見於京劇《戰澠池》。澠池守將張奎、高蘭英夫妻仗有異術和法寶，抵禦周兵，連傷周將黄飛虎、土行孫、鄧蟬玉等，後來被楊任、楊戩、韋護合力斬殺，澠池被攻破。殷商澠池守將張奎，有潛行術，效忠紂王，後來被封爲七殺星。在劇中他勾黑碎臉。此爲楊鳴慶手繪譜式。

卞吉

見於京劇《戰澠池》。殷商守將卞吉善使幽魂白骨幡，他倚仗妖術奪人魂魄，屢阻周軍。後因不肯降周，被殺。在劇中卞吉勾青灰臉，畫勾白骨幡形，畫骷髏頭，示其煞氣。此爲楊鳴慶手繪譜式。

高明

見於京劇《梅山收七怪》，又名《梅花嶺》。故事取材於《封神演義》。武王伐紂，紂王聘請梅山七怪助陣。白猿袁洪爲首掛帥，抵禦周兵，後來楊戩、哪吒依次收斬七怪。七怪之一高明，原爲頗盤山桃樹精，能目視千里，後助商抗周。劇中高明勾花三塊瓦臉，鼻畫僊桃，眼角誇張，示其爲千里眼。此爲楊鳴慶手繪譜式。

中國京劇經典臉譜

袁洪

見於京劇《梅山收七怪》，又名《梅花嶺》。故事取材於《封神演義》。武王伐紂，紂王已無將可派，遂出榜聘請梅山七怪助陣，抵禦周兵，後被楊戩和哪吒依次收斬。袁洪是七怪之首，白猿成精。此譜爲勾粉色象形臉。粉眼紅嘴，勾黑色綫條，腦門有戒點，象徵精靈妖怪。

孔宣

見於京劇《百草山》。《百草山》取材於《鉢中蓮》傳奇。百草山中旱魃化身爲王家莊王大娘（殷鳳珠），取死人噎食罐煉法寶磁缸，用來抵禦雷劫。後來被巨靈神撞裂，旱魃尋人補缸。觀音乃遣土地幻作補缸匠人，故意打碎其缸。又請天兵天將斬除旱魃。孔宣爲此劇中的神僊，是傳說中降妖三大神鳥之首。孔宣臉譜爲綠色象形臉。

常昊

見於京劇《梅山收七怪》，又名《梅花嶺》。故事取材於《封神演義》。武王伐紂，紂王聘請梅山七怪助陣。白猿袁洪爲首掛帥，抵禦周兵。常昊爲蛇怪，七怪之一。此譜屬局部象形性臉譜，爲勾綠碎臉，眼窩下及鼻旁勾畫飾紋。通天紅紋，如蛇形盤旋蜿蜒。

先蔑

見於京劇《摘纓會》。楚莊王平定了斗越椒之亂，回朝大宴有功之臣。莊王愛姬許姬敬酒。將軍唐狡趁機調戲，不料被許姬扯斷盔纓，許姬暗告莊王，莊王大度，非但沒有怒火沖天，反命人將燈火吹滅。又令衆臣皆將盔纓摘掉，釋而不問。後晉楚交兵，莊王爲晉將先蔑追襲，唐狡力戰保全莊王。先蔑譜式爲勾黑十字門臉。此爲齊如山所收譜式。

第一冊　十五

書香傳家

魏絳

見於京劇《趙氏孤兒》。故事發生在春秋時期，晉大夫趙盾遭奸臣屠岸賈殘害，全家被斬。衹有趙媳莊姬公主避入宮中，產下一子，趙門客程嬰喬裝救出。程嬰捨子，救出孤兒。後孤兒成人，與魏絳等，計誅屠岸賈報仇。劇中魏絳勾粉三塊瓦臉，顯示其忠勇、老當益壯。

烏成黑

見於京劇《戰樊城》。伍尚與伍員兄弟接到父親書信，見信後有「逃走」二字，伍員心中疑慮，而伍尚執意回都，於是兩人揮淚而別。伍尚回都後與其父一同被斬，費無極遣烏成黑率兵攻打樊城以斬草除根，伍員得知父兄被害後箭射烏成黑，逃往吳國搬兵。劇中烏成黑勾黑碎臉。

中國京劇經典臉譜

第一冊

十六

書系傳家

專諸

見於京劇《魚腸劍》。故事發生在戰國時期，伍子胥在楚國受到迫害，逃出楚國，來到吳國。吳公子闔閭將其招至府中，委以重任。在伍子胥策劃下，勇士專諸用魚腸劍刺死王僚，闔閭登上王位。專諸臉譜譜式爲紫紅三塊瓦臉，用紫紅色作爲臉譜主色，表現出專諸忠勇熱情及孝義當先的性格。

姬僚

見於京劇《刺王僚》。春秋戰國時期，姬僚篡繼吳國王位，姬光欲奪回，請姬僚到府内飲宴，姬僚得夢内穿寶鎧，多帶護衛前往，席間義士專諸以獻酒菜爲名近前，從魚腹中取出利劍，將姬僚刺死。劇中姬僚勾黄色老三塊瓦臉。

西門豹

見於京劇《西門豹》。魏文侯命西門豹爲鄴郡縣令，整治水患。當地女巫勾結三老、廷掾、里豪，假借河伯娶婦，以少女投河，詐取百姓財物。西門豹將計就計，指所選少女不佳，反將女巫等投入河中。百姓省悟，根絶惡俗；經疏河築提，水患也得以根治。劇中西門豹爲袁派譜式勾紅色三塊瓦臉。

鍾無鹽

見於昆曲《頰盤會》。趙國用白猿丞相，與齊國皇后無鹽賭頰，以判兩國勝敗，無鹽頰法不及白猿，暗撒山裏紅果，誆白猿拾取，改動頰子，白猿頰負發怒，無鹽用頰盤打死白猿，雙方大戰，無鹽得勝。此譜乃京劇舞台中少有的旦角勾臉的角色之一，譜式既有臉譜雄渾之美，又不失旦角秀美靈動之氣。

中國京劇經典臉譜

第一冊

十七

書香傳家

廉頗

見於京劇《將相和》。舍人藺相如以完璧歸趙獲功，趙王封之爲相，老將廉頗自恃功高，不服，於長街三擋藺道，藺皆退避。後廉頗得知將相和睦，秦不敢侵，乃親至相府，負荊請罪，將相和好。此譜爲袁派老粉六分臉。

廉頗

見於京劇《將相和》。舍人藺相如以完璧歸趙獲功，趙王封之爲相，老將廉頗自恃功高，不服，於長街三擋藺道，藺皆退避。後廉頗得知將相和睦，秦不敢侵，乃親至相府，負荊請罪，將相和好。此譜爲裘派三塊瓦老臉。

項羽

見於京劇《霸王別姬》。項羽被劉邦圍於垓下。張良命軍卒學唱楚歌，楚將楚兵聞之，以爲鄉土已失，一夜盡散。項羽欲沖出重圍，入帳與虞姬共飲，虞姬明知自己會給項羽脱逃帶來困難，於是自刎而亡。項羽逃至烏江口，不肯渡江，遂自刎。此譜爲黑色花三塊瓦臉，亦稱剛叉臉，白眉中有壽字花紋，兩頰白色，腦門有黑通天紋。

馬武

見於京劇《取洛陽》。西漢末年，劉秀興兵討伐王莽，兵至洛陽。守帥蘇獻防守嚴密。元帥鄧禹用激將法激馬武與岑彭二人相爭。馬武難忍怨氣，想要回太行山做大王，中途詐降蘇獻，蘇獻中計，開城門，鄧禹趁機遂殺進洛陽。此譜爲綠色碎花臉，爲郝壽臣譜式。

中國京劇經典臉譜

第一冊　十八

書香傳家

蘇獻

見於京劇《取洛陽》。西漢末年，劉秀興兵討伐王莽，兵至洛陽。守帥蘇獻防守嚴密。元帥鄧禹用激將法激馬武與岑彭二人相爭。馬武難忍怨氣，想要回太行山做大王，中途詐降蘇獻，蘇獻中計，開城門，鄧禹趁機遂殺進洛陽。蘇獻臉譜譜式爲老六分臉，腦門爲白色，粉色作爲臉譜主色，表現出人老年邁，突出了人物特徵。此爲齊如山所藏譜式。

姚期

見於京劇《草橋關》。劉秀命姚期回朝伴駕。姚之子姚剛打死郭太師，姚期綁子上殿請罪，劉秀要將姚期全家問斬。馬武闖宫保奏，救姚期父子，戴罪出征，攻打草橋。姚期臉譜譜式爲十字門臉，十字門臉是指用白色作爲底色，上著粉色代表姚期老當益壯、德高望重。此爲裘盛戎先生譜式。

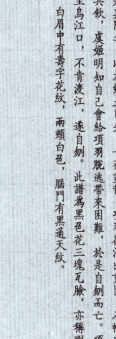

中國京劇經典臉譜

姚剛

見於京劇《打金磚》。東漢初年，姚期因子姚剛打死太師郭榮。郭榮之女郭妃灌醉劉秀，假傳聖旨將姚期斬首。事後劉秀恨老臣不來保奏，又把衆老臣斬殺。馬武大鬧宮廷，用金磚擊頭而亡。劉秀悔恨，斬殺郭妃，往太廟祭奠忠魂，跳樓身亡。此譜譜式爲黑十字門花臉，不勾其它顔色。光嘴巴，嘴畫紫色，有「三剛」不見紅之説。

曹操

見於京劇《長阪坡》。劉備投江夏，曹操大軍追及，劉備眷屬均於亂軍中失散，趙雲匹馬獨闖重圍，救出麋竺、簡雍、甘夫人等，麋夫人託子於趙雲，投井而死，趙雲懷抱阿斗，奪得曹操寶劍，力戰突圍脱險。張飛大鬧長阪橋嚇退曹兵，趙雲見劉備將阿斗交還，劉備摔子以慰之，曹兵追至，關羽從江夏搬兵至漢津口阻之，劉備脱險。

董宣

見於京劇《強項令》。漢光武帝姐姐湖陽公主府中護衛趙彪犯了命案。洛陽縣令董宣，不畏皇親豪勢，處斬趙彪。湖陽公主告知光武帝，要斬董宣。光武詞窮，要董宣給公主賠情。董宣不從，強項不屈，終於得到公主的寬恕。劇中董宣勾粉三塊瓦老臉，黑眉曲卷，顯示其不畏權貴之倔強性格。

典韋

見於京劇《戰宛城》。曹操率軍征討宛城，宛城郡守張繡不敵而投降。入城後，曹操霸佔張繡之孀鄒氏。張繡大怒，但懼曹營大將典韋之勇，便用賈詡之計，先派人盜去典韋盔甲和雙戟，然後殺入曹營，刺死鄒氏。曹操大敗而逃，一子一侄喪命於亂軍中。典韋也因毫無防備，奮身戰死。此譜屬花三塊瓦臉，於眉、眼和鼻窩部位加畫比較複雜的色彩和紋飾，以表現人物性格的多重性。此爲錢金福譜式。

中國京劇經典臉譜

許褚

見於京劇《戰宛城》。東漢末年，曹操率軍征討宛城，郡守張繡不敵典韋、許褚之勇，被迫投降。入城後，曹操霸佔張繡之嬸鄒氏，張繡大怒，偷襲曹營。曹操一子一侄及大將典韋英勇戰死。許褚多次救曹於危難之中，素有「虎癡」之稱。許褚臉譜譜式爲勾黑碎臉，顯示威猛之相。

曹洪

見於京劇《長阪坡》。劉備投江夏，曹操大軍追及，劉備眷屬均於亂軍中失散，趙雲匹馬獨闖重圍，懷抱阿斗，奪得曹操寶劍，力戰突圍脫險。曹洪爲貼身保護曹操的大將，下山讓趙雲通報姓名的就是他，此戲中佔重要地位。曹洪臉譜爲紅色碎花臉。

第一冊　二十

書香傳家

許褚

見於京劇《戰渭南》。曹操、馬超相距於渭河，許褚裸衣與馬超酣鬥，曹兵又敗，曹操乃用反間計，與韓遂在陣前敘話，又投書與韓遂，故意塗抹信中要害，使馬超見之，馬超果疑韓有二心，怒而用劍斬斷韓手，曹兵則乘馬、韓內訌之時，並力來攻，馬超反勝爲敗。

夏侯惇

見於京劇《長阪坡》。劉備投江夏，曹兵追及。趙雲匹馬獨闖重圍，救出亂軍中失散的糜竺、簡雍、甘夫人等，糜夫人託子阿斗於趙雲，投井而死。趙雲懷抱阿斗，力戰突圍脫險。張飛喝斷當陽橋，嚇退曹兵。在曹兵中，夏侯惇是名勇猛有餘而謀略不足的大將，曾被呂布手下暗箭射瞎左目。在劇中他勾藍色三塊瓦臉，藍色示其性情粗莽猛烈；左眼有一疤痕，示其獨眼。

龐德

見於京劇《水淹七軍》。關羽攻破襄陽，進攻樊城，曹操遣於禁、龐德往救。龐德抬預製的棺木至陣前，誓與關羽死戰。於禁嫉妒龐德之功，移七軍轉屯城北；關羽乘襄江水漲而放水淹之，生擒於禁和龐德。龐德不降被殺。劇中龐德勾紫三塊瓦臉，表示其歸順曹營後忠心耿耿及年富力強之勇。

夏侯淵

見於京劇《定軍山》。曹操平漢中，並派大將夏侯淵、張郃等駐兵定軍山和天蕩山各隘口。劉備趁曹操立足未穩，率將進兵漢中。老將黃忠打敗了駐守天蕩山的張郃後，又奮勇取定軍山；夏侯淵措手不及，被黃忠腰斬。夏侯淵爲曹營大將，屢建戰功。在劇中他勾黑十字門臉，壽字通天。

書香傳家

徐晃

見於京劇《走麥城》。陸遜獻計，假代呂蒙爲都督，關羽輕敵，不加防備，撤荊州兵以攻樊城。呂蒙乃令軍士白衣渡江，乘守烽火臺蜀軍不備取得荊州。又約曹軍老將徐晃夾攻，徐晃雖當年與關羽友善並學過刀法，但公私分明，對陣時不顧私情。關羽大敗，退守麥城，後中伏被擒，遇害身亡。劇中徐晃勾老白三塊瓦臉，黑鼻窩，額間畫紅光，示其老當益壯。

張郃

見於京劇《失街亭》。因街亭爲漢中咽喉要地，所以諸葛亮擬派將駐守。馬謖請令，諸葛亮再三叮囑須靠山近水紮營，並令王平輔之。但是馬謖剛愎自用，違令，且不聽王平諫言，竟在山頂紮營，因此被曹魏著名老將張郃所敗，街亭失守。劇中張郃勾紫色三塊瓦臉，灰鼻窩，示其暮年老當益壯。

中國京劇經典臉譜

第一冊　二十二

書兵傳家

李典

見於京劇《長阪坡》。在曹軍中，李典爲「曹八將」之一，有勇有謀，行事謹慎。劇中他勾白三塊瓦臉尖嘴窩。

樂進

見於京劇《長阪坡》。在曹軍中，樂進爲「曹八將」之一，曹操伐董卓時投曹。劇中樂進勾黃色三塊瓦臉，黄色表示其驍勇沈雄。

文聘

見於京劇《長阪坡》。劉備投江夏，曹兵追及。趙雲獨闖重圍，救出亂軍中失散的糜竺、簡雍、甘夫人等。在曹兵中，文聘原爲劉表大將，後降曹。見劉備時，被劉痛罵羞愧而退。劇中他勾粉色三塊瓦臉，也有武老生俊扮的，爲兩門抱角色。

夏侯德

見於京劇《定軍山》。曹操平漢中，並遣大將夏侯淵、張郃等留守，駐兵定軍山和天蕩山。劉備趁曹操未立穩足，同年率將進兵漢中。老將黃忠、嚴顔率兵火燒天蕩山，曹軍守將夏侯德率兵救火，被嚴顔斬於馬下。劇中夏侯德勾綠色碎臉，表示其頑強暴躁的性格。

夏侯霸

見於京劇《鐵籠山》。司馬師敗於姜維，退守鐵籠山。西羌王迷當帶領十萬人馬前來協助姜維。陳泰施離間計讓迷當與姜維會陣。司馬師出兵夾擊姜維，姜維大敗，曾輔姜維八伐中原的勇將夏侯霸被亂箭射死。劇中夏侯霸勾油白三塊瓦臉，額間畫紅紋。

中國京劇經典臉譜

于禁

見於京劇《火燒戰船》。周瑜見東風已起，調兵遣將隨黃蓋去攻曹營。曹操正待黃蓋來降，見來船輕浮，疑心而阻止，卻已來不及，被黃蓋火船闖入，曹船盡被焚燒，曹軍大敗。于禁在劇中勾黃色翹眉花三塊瓦臉，示其驍勇威猛。

夏侯蘭

見於京劇《博望坡》。曹操命夏侯惇及其弟夏侯蘭率兵攻新野，劉備求計於諸葛亮。諸葛亮分遣諸將設伏於博望坡，張飛不服。諸葛亮火燒曹軍糧草，夏侯蘭被張飛刺死，曹兵大敗。張飛心服，負荊請罪。劇中夏侯蘭勾小藍三塊瓦臉，表示其平庸無能。

第一冊　二十三

書香傳家

杜襲

見於京劇《陽平關》。曹操得夏侯淵陣亡之信，怒率大兵至陽平關報仇，由於糧草不足而將米倉山存糧移屯北山。諸葛亮聞信，想先斷曹兵糧道，黃忠討令，趙雲恐其連戰勞倦而欲代之，黃忠不聽。在黃忠打敗曹魏守將杜襲、焚糧得手後，曹軍湧至。幸虧諸葛亮遣趙雲來援，殺退曹兵，突圍而歸。劇中杜襲勾藍三塊瓦臉。

孟坦

見於京劇《過五關》。關羽攜二位皇嫂離許昌，奔河北，一路經過東嶺、洛陽、沂水、滎陽、黄河渡口五處關隘，先後斬殺孔秀、孟坦、韓福、卞喜、王植、秦琪等六員曹將，脫險而出。劇中孟坦勾灰碎臉，眉、額、鼻飾紅紋，此人有勇無謀。

孔秀

見於京劇《過五關》，孔秀爲曹軍東嶺關守將。關羽千里走單騎，過五關斬六將所斬第一將，只一回合孔秀横屍馬下。孔秀勾紅三塊瓦臉，眉尖上挑，腦門綠色細通天，示其被刀劈而死。

中國京劇經典臉譜

第一冊　二十四

書香傳家

卞喜

見於京劇《千里走單騎》。《灞橋挑袍》、《過五關》、《古城會》有連演者，總名《千里走單騎》。關羽一行離許昌，奔河北，一路經過了五處關隘，先後斬殺六員曹將，脫險而出，至古城與劉備相會。其中，經沂水時，卞喜在鎮國寺埋伏刀斧手，關羽識破，將卞喜劈爲兩段。劇中卞喜勾油白三塊瓦臉，眉尖眼角上翹，表示其心懷叵測。

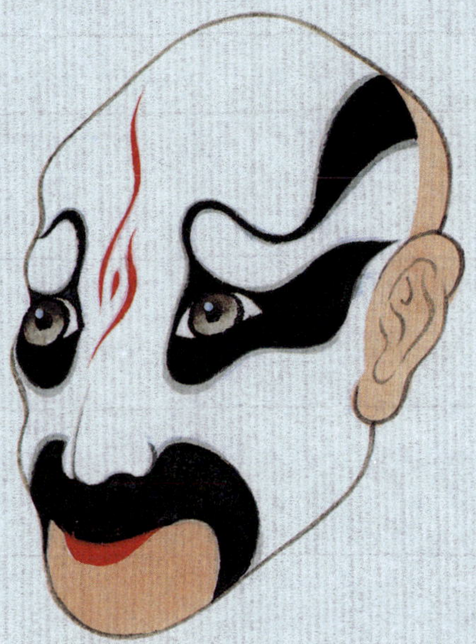

華歆

見於京劇《逍遥津》。漢獻帝劉協因曹操權勢日重，與伏後計議，遣内侍穆順給後父伏完送去血詔，囑約劉備、孫權爲外應以除曹。曹操發現後，命華歆把伏後亂棒打死，鴆殺了伏後的兩個兒子，殺了伏完及穆順的全家。華歆原爲孫權部下，後投曹操。劇中華歆勾大白臉，眼角下垂，表示其殘暴凶狠、趨炎附勢、狐假虎威。

司馬懿

見於京劇《空城計》。諸葛亮駐守西城，所部精鋭已俱被遣出，城內空虛，司馬懿乘勝來攻取西城，萬分危急中定下空城之計，令將城門洞開，自坐城頭撫琴飲酒。司馬懿兵至城下，素知諸葛亮謹慎，懷疑城內有精兵埋伏，不進而退。劇中司馬懿勾水白臉，棒槌眉，印堂紋理清晰，表示其老謀深算、足智多謀。

司馬師

見於京劇《紅逼宮》。魏主曹芳因司馬師自敗蜀後專權跋扈、劍殺賈詡，於是與張皇后之父張緝、大常夏侯玄、中書令李豐暗草血詔，擬結連姜維、夏侯霸誅討司馬師。司馬師得知後，搜出血詔，殺死三人，又殺張後，廢曹芳。司馬師爲曹魏軍大將、司馬懿長子。劇中他勾紅通天十字門臉，花眉，鳥眼窩，左眼畫肉瘤，示其赤面驕横。

中國京劇經典臉譜

書香傳家

鄭文

見於京劇《戰北原》。諸葛亮六出祁山，與司馬懿相拒於北原。司馬懿命偏將軍鄭文詐降，被諸葛亮識破，欲斬鄭文，鄭文告饒，諸葛亮令其貽書司馬，誘劫蜀營。司馬懿得書前往，損兵折將，諸葛亮斬殺鄭文。劇中鄭文勾紅三塊瓦臉。眉心黄紋套灰，示其詐降被識破後被斬。

秦朗

見於京劇《戰北原》。諸葛亮六出祁山，與司馬懿相拒於北原。司馬懿命偏將軍鄭文詐降，被諸葛亮識破，欲斬鄭文，鄭文告饒，諸葛亮令其貽書司馬，誘劫蜀營。司馬懿得書後，命曹魏大將秦朗前往劫營，結果中計，秦朗死於亂箭，曹魏損兵折將。諸葛亮斬殺鄭文。劇中秦朗勾綠碎臉，眉、鼻、額飾紅紋，色彩對比強烈，表示其性格急躁、相貌威猛。

中國京劇經典臉譜

第一冊　二十六

書香傳家

蔡陽

見於京劇《古城會》。關羽行近古城，得張飛下落，喜而往見。張飛因關羽久居曹營而懷疑他，出城責問。關羽正剖白間，被關羽過五關時斬殺的秦琪之舅蔡陽爲報仇率軍追至，張飛更加懷疑關羽背劉投曹，於是關羽斬殺了蔡陽。蔡陽爲曹營老將，在劇中勾老白三塊瓦臉，眉尖上挑，怒容威煞。

蔡瑁

見於京劇《群英會》，一名《草船借箭》。故事發生在三國時期，曹操率軍攻吳，孫吳與劉備聯手抗曹，曹令蔣幹勸降，周瑜故意讓蔣幹盜去書信，使曹自己殺死水軍將領蔡瑁、張允。蔡瑁原是劉表内親，後降曹操。其譜爲勾藍膛花三塊瓦臉。

張允

見於京劇《群英會》。孫權、曹操對峙於赤壁，曹令蔣幹過江勸降，周瑜故意借蔣幹之手盜去假書，以反間計使曹自己殺死水軍將領蔡瑁、張允。諸葛亮以草船借箭，周瑜用苦肉計責黃蓋使其詐降曹操。龐統又獻連環計，使曹軍戰船自行釘鎖，以利東吳火攻。張允原爲劉表部將，後降曹操，擅水戰。劇中張允勾黑碎臉。

蔣幹

見於京劇《群英會》。孫權、曹操對峙於赤壁，曹令蔣幹過江勸降，周瑜故意借蔣幹之手盜去書信，以反間計使曹自己殺死水軍將領蔡瑁、張允。劇中蔣幹勾豆腐塊臉，表示其平庸迂腐、自作聰明。

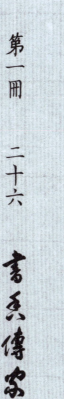

龐統

見於京劇《借東風》。故事取材於小説《三國演義》。曹操與孫、劉聯軍隔江對峙。周瑜欲用火攻，但苦於沒有東風，諸葛亮自言能把東風借來，龐統又見曹操獻連環計，建議曹操把戰船用鐵索連在一起，以防士兵嘔吐。此譜爲紫道士臉。用粉紅色作爲臉譜主色，顯示龐統富有智謀。

關羽

見於京劇《古城會》。關羽過五關後行近古城，得張飛下落，喜而往見。張飛因關羽久居曹營而懷疑他背劉投曹，出城責問。關羽正剖白間，秦琪之舅蔡陽率軍追至，張飛更加懷疑，關羽乃斬蔡陽。張飛釋疑，迎關羽入城。關羽與劉備、張飛桃園結義。後被封西蜀「五虎大將」之首，劇中關羽揉紅臉，蠶眉鳳目，威武莊嚴。

中國京劇經典臉譜

第一冊

二十七

書香傳家

周倉

見於京劇《華容道》。諸葛亮回夏口，遣諸將分路阻擊曹兵，獨不遣關羽。關羽不快，堅決請令，率周倉等往華容道埋伏。曹操果至，只餘十八騎，曹哀懇關念己昔日厚待之情，關羽於是放他逃走。周倉出身綠林，投蜀後拜關羽爲義父，忠心追隨；關羽敗走麥城，周倉墜城而亡。劇中周倉勾花元寶臉，面部紋理複雜，表示其醜陋威嚴。

張飛

見於京劇《蘆花蕩》。《蘆花蕩》取材於三國故事。張飛奉諸葛亮之命，喬裝漁夫，預先埋伏在蘆花蕩。等待周瑜領兵到來，突擊阻擋，先擒獲周瑜，然後又放了他。周瑜因氣憤而吐血。《蘆花蕩》中所勾張飛的譜式爲花三塊瓦臉，呈豹頭環眼之態，表現其魯莽、驍勇、粗中有細之相。

張飛

見於京劇《戰馬超》。馬超兵敗投奔張魯。張魯命馬超攻葭萌關。張飛前往迎敵。二人在葭萌關前力戰，不分勝負。劉備親自勸說馬超，馬超終爲所動，歸降劉備。張飛臉譜勾成黑十字門蝴蝶臉，呈「笑臉」狀，同時又有豹頭環眼之態，表現其魯莽、驍勇、粗中有細的性格。此爲錢金福譜式。

張苞

見於京劇《伐東吳》。劉備伐吳，關興、張苞擒斬吳將譚雄、謝旌，劉備設宴；席間慨嘆五虎上將，所餘無幾，存者亦多老邁，激怒老將黃忠，黃單騎殺入吳營，被馬忠冷箭所傷，回營後傷重而死，臨終諫劉備應先伐魏。張苞臉譜譜式爲黑十字門花臉，光嘴巴顯年輕。張苞的臉譜是在張飛的臉譜上延續下來的，突出了他剛直勇猛的性格。

中國京劇經典臉譜

第一冊　二十八

書香傳家

姜維

見於京劇《鐵籠山》。蜀漢大將軍姜維率兵伐魏，司馬師大敗，無路可走，在鐵籠山上屯紮，死力拒守。姜維四面圍困，斷其水源。司馬師用主簿王濤之謀，拜泉祈井，井泉源源而來。後又讓陳泰施離間計，迷當與姜維反目，姜腹背受敵，幾乎全軍覆沒，姜維匆忙跨馬逃跑。郭淮緊追，姜維連續拽弓十餘次，並無一箭發出。郭淮知其無箭，反拔箭以射，姜維接箭，回射殺死郭淮。劇中姜維勾紅三塊瓦臉，額前勾有太極圖，表示他是諸葛亮的弟子，有神機妙算的智謀和韜略。

馬謖

見於京劇《失街亭》。司馬懿進犯蜀國，馬謖立功心切，去往街亭鎮守，不想兵敗，街亭失守。諸葛亮用空城計巧退司馬懿之後，得知是馬謖失職，揮淚斬了馬謖。此譜爲油白三塊瓦臉，臉譜塗色簡單，油白色作爲主色，表示其傲慢、自負、跋扈的性格。

魏延

見於京劇《戰長沙》。關羽攻打長沙，守將韓玄遣老將黃忠出戰，黃馬失前蹄，關羽釋之，次日韓令黃忠射關，黃感關之義，箭射中其盔纓，韓玄責黃通敵，欲斬，魏延運糧歸來殺死韓玄，獻長沙降劉備，劉又以禮勸降黃忠。魏延臉譜譜式爲紫色十字門花臉，示其剛毅的性格桀驁不馴。

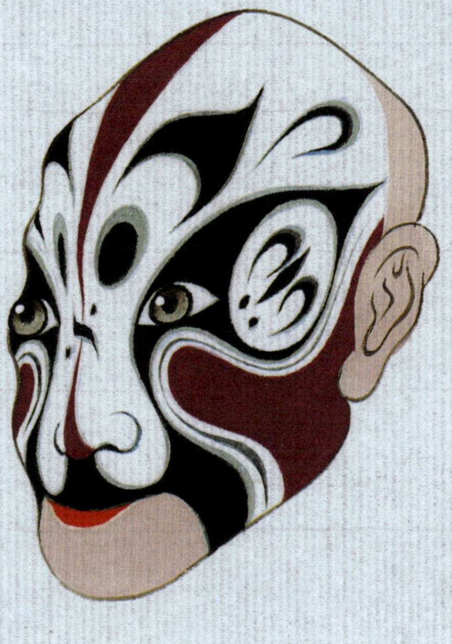

孫權

見於京劇《甘露寺》。孫權因劉備佔據荊州不還，與周瑜設美人計，佯稱以妹尚香許婚劉備，欲騙其過江留質以換荊州。此計被諸葛亮識破，讓劉借周瑜岳父喬玄以遊說孫權之母吴氏，吴氏在甘露寺相親，弄假成真。東吴君主孫權在劇中勾水白臉，示其奸詭，有權謀之意；畫紫眉，紫鼻窩，示其碧眼紫髯之異相。

黃蓋

見於京劇《群英會》。孫權、曹操對峙於赤壁，曹遣蔣幹過江勸降，周瑜令蔣幹中反間計，使曹自己殺死水軍將領蔡瑁、張允。諸葛亮以草船借箭。龐統又獻連環計，使曹軍戰船自行釘鎖以利東吴火攻。周瑜用苦肉計責打黃蓋，使其詐降曹操，乘機縱火，大破曹營。黃蓋爲東吴三世老臣。在劇中他勾紅六分臉，表示其忠心耿耿、性情剛烈。

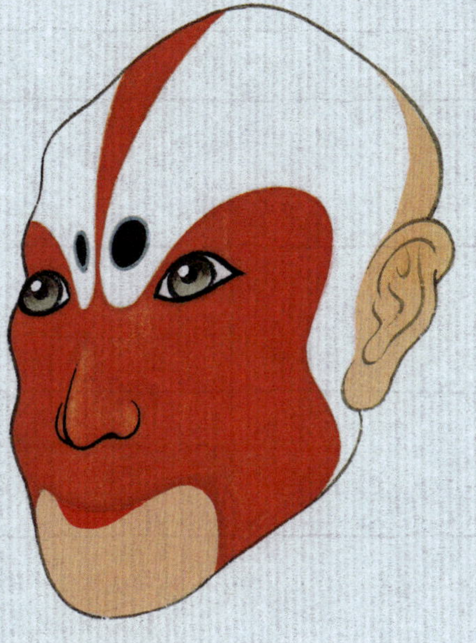

太史慈

見於京劇《群英會》，一名《草船借箭》。故事發生在三國時期，曹操率軍攻吴，孫吴與劉備聯手抗曹，曹令蔣幹勸降，周瑜故意讓蔣幹盜去假書，使曹自己殺死水軍將領蔡瑁、張允。諸葛亮草船借箭，周瑜用苦肉計責黃蓋，黃詐降曹操。龐統又獻連環計。最終在赤壁以火攻大敗曹兵。譜式爲勾綠碎臉，額間圖案爲元寶形，綠色表示性格猛烈、暴躁，眉間畫一戟紋顯其擅用雙戟。

徐盛

見於京劇《借東風》，東吳大將，有勇有謀，曹丕伐吳，徐盛沿江數百里設假城，束草人持刀槍立於城上，曹丕見狀大驚，徐盛遣丁奉趁亂火燒曹營，大獲全勝。徐盛勾元寶臉，紅腦門黃印堂，譜式簡潔嚴謹，表現其人物沈穩淡定。

陳武

見於京劇《回荊州》。甘露寺相親弄假成真，劉備溺於聲色，趙雲取出孔明錦囊，劉備哀告孫尚香，詐稱過江祭祖，誆得吳國大寶劍啟程，孫權周瑜得悉，命徐盛、丁奉、蔣欽、周泰、陳武、潘璋六將追趕均被嚇退，劉備一行過江，張飛奉命埋伏於蘆花蕩，擒獲周瑜，再行釋放，是爲一氣周瑜。東吳大將陳武勾綠碎臉。

顏嚴

見於京劇《取成都》。馬超降劉備後，助攻劉璋。劉璋知大勢已去，恐百姓再受戰亂之苦，乃議出降；王累苦諫不從，墜城自盡。劉備入成都，安置劉璋於公安，自領益州牧。劉璋所屬巴郡太守嚴顏，中張飛計被俘，因受張飛禮遇感恩而降，後助黃忠大敗張郃，爲蜀獨霸西川立下大功。劇中嚴顏勾粉色六分臉，示其年邁而勇武不減當年。點黑眉，表示其人老心不老、精神煥發。

周泰

見於京劇《連營寨》。關公兵敗麥城，張飛被人暗害。劉備大怒，領軍攻吳。孫權遣諸葛瑾押解范疆、張達及張飛首級求和，劉備不允。孫權拜陸遜爲帥。陸遜乘機使用火攻，將連營寨燒得片甲不存，劉備幸得趙雲來救，退走白帝城，一病不起。東吳大將周泰的譜式爲三塊瓦臉，色彩簡單，突出了人物剛直、勇敢的特點。

呂蒙

見於京劇《走麥城》。東吳都督呂蒙詐病，由陸遜代之，關羽輕敵而不加防備，撤荊州兵以攻樊城。呂蒙乃令軍士白衣渡江，乘守臺蜀軍不備取得荊州。又約徐晃夾攻，關羽大敗，退守麥城。呂蒙預遣潘璋、馬忠等埋伏小路，關羽、關平中伏被擒，遇害身亡。劇中呂蒙勾藍華三塊瓦臉，額、眉間粉底飾紅紋，其面相威嚴肅煞、富有心計。

韓當

見於京劇《連營寨》。關公兵敗麥城殉國，張飛被人暗害。劉備大怒，領軍攻吳。孫權遣諸葛瑾押解范疆、張達及張飛首級求和，劉備不允。孫權拜陸遜爲帥。陸遜乘機使用火攻，將連營寨燒得片甲不存，劉備幸得趙雲來救，退走白帝城，一病不起。韓當爲陸遜部下東吳老將，此譜爲勾粉紅老三塊瓦臉。

郭淮

見於京劇《鐵籠山》。司馬師敗於姜維，退守鐵籠山，與郭淮會師。西羌王迷當帶領十萬人馬前來協助姜維。陳泰因與迷當有一面之緣，自願前往遊說，詐稱姜維曾辱罵迷當。迷當信以爲真，乃與姜維失和。司馬師、郭淮出兵夾擊姜維，姜維大敗。劇中郭淮勾黑碎臉，紫眉、黃蝠，表示其勇猛善戰。

鄧艾

見於京劇《壇山谷》。姜維再次伐魏，魏安西將軍鄧艾引兵拒之。姜、鄧二人鬥智，鄧艾先敗姜維，姜維又在壇山谷設伏，故意棄糧草，誘鄧艾劫糧，結果鄧艾中伏而大敗。劇中鄧艾勾紅通天十字門臉，譜式簡潔明快，區别於一般十字門臉。

書秀傳家

中國京劇經典臉譜

楊林

見於京劇《打登州》。故事發生在隋末，歷城捕快秦瓊與瓦崗衆英雄交好，楊林欲利用秦瓊抓捕衆英雄。當秦瓊解至登州時，衆英雄喬妝打扮，混入登州營救，救出秦瓊。此譜爲粉六分臉。

李元霸

見於京劇《四平山》。隋煬帝因宇文成都戰敗嘔血，急招李元霸救援。李得旨欲行，其母念當年臨潼解圍之德，給李秦瓊圖像一幀，囑其如遇秦瓊不可傷犯。及交戰，秦瓊等出戰，李元霸果屢避之。後遇裴元慶，擊以三錘，裴不敵而走。李元霸又連敗孟覺海、李子通等人。李元霸生相尖嘴猴腮，故臉譜爲尖臉譜式，以武花臉、武生行當兼之。

李密

見於京劇《斷密澗》。故事發生在唐初，瓦崗寨李密投唐。被唐高祖李淵厚待，招爲駙馬，而李密終以爲寄人籬下，心生叛亂之意。李密殺公主，賫夜出城，李世民率兵尾追。至斷密澗，李密與忠心追隨他的王伯當，同被亂箭射死。臉譜譜式爲紫紅六分臉，他的譜式也是典型譜式之一，用紫紅色作爲臉譜主色，兩顏畫黑白花紋。

第一冊

三十二

書香傳家

單雄信

見於京劇《鎖五龍》。隋煬帝昏庸無道，致使群雄舉義。三十六友在瓦崗寨聚義，結拜造反。後因時勢變遷，多數歸順唐王李淵。衹有單雄信因與李淵有殺兄之仇，投到洛陽王王世充麾下，並被招爲東床駙馬。李世民奉命征討王世充。在單騎闖唐營時，單雄信被擒，衆結義兄弟勸其降唐，單雄信執意不肯，終被斬於尉遲恭刀下。劇中單雄信勾藍色花三塊瓦臉。此爲郝壽臣先生舞臺譜式。

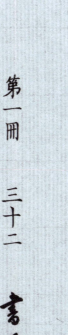

中國京劇經典臉譜

賀天龍

見於京劇《雁蕩山》。隋朝末年，群雄起義，孟海公率起義軍追擊隋將賀天龍於雁蕩山中的三岔口。賀天龍倉皇應戰，潰退到雁翎關固守。孟海公率領義軍乘勝追擊，內外夾攻，圍殲殘敵，起義軍終於獲得了勝利。賀天龍臉譜譜式爲勾白色花三塊瓦臉譜，屬將官類譜式。勾尖眉、尖眼窩、尖嘴窩；自鼻尖至額頂勾回形紅紋，示其凶殘、勇猛。

雄闊海

見於京劇《車輪戰》。隋末煬帝無道，群雄四起，乘煬帝遊江南之機，將其圍堵於四平山，楊林與宇文成都救駕，與眾豪傑展開車輪大戰，雄闊海爲隋朝一條好漢，宇文成都之勁敵，其譜勾紫色三塊瓦臉譜。

辛文禮

見於京劇《虹霓關》。故事發生在隋末，瓦崗寨元帥秦瓊攻打虹霓關。虹霓關守將辛文禮被瓦崗王伯當以冷箭射死。辛妻東方氏替夫報仇擒獲王伯當，但慕伯當英俊，改嫁伯當。投降瓦崗軍，洞房中，伯當指斥其夫仇不報，反嫁仇人，殺死東方氏。此譜譜式爲黑碎花臉。

第一冊

三十三

書系傳家

尉遲恭

見於京劇《白良關》。故事發生在唐朝，早時尉遲恭年輕離家，將自鑄鋼鞭交與妻子梅氏，梅氏被劉國楨掠去，強佔爲妻。梅有孕在身，故忍辱從之。尉遲恭輔佐李世民，兵至白良關，守將正是劉國楨及尉遲子寶林，父子在疆場相認，尉遲寶林獻關殺死劉國楨，唯梅氏夫人，自縊於後堂。此譜爲黑色六分臉，臉爲黑色，鼻子中爲白色，眉毛粗而黑，有皺紋。

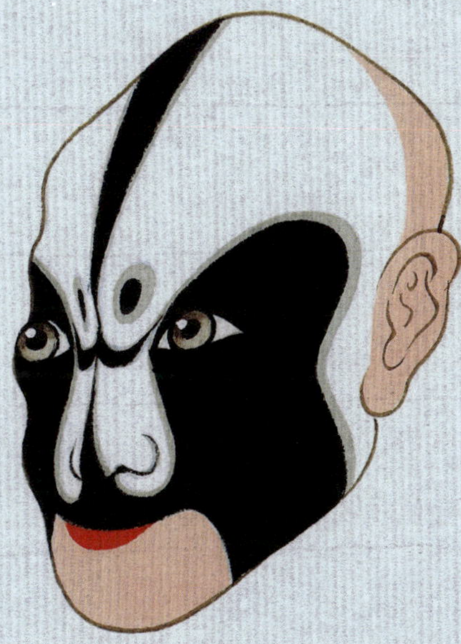

劉國禎

見於京劇《白良關》。唐太宗征北，秦瓊爲帥，尉遲恭爲先鋒。發兵前，尉遲得夢，被告知是骨肉重逢之兆，尉遲不信。兵至白良關，守將劉國禎出戰，被尉遲恭鋼鞭所傷。劉子寶林出戰與尉遲交鋒無勝負。後從其母梅秀英處，得知母子本系尉遲之妻子，父子相認後獻關殺死劉國禎。

尤俊達

見於京劇《賈家樓》。程咬金、尤俊達劫皇綱。靠山王楊林聞之大怒，令歷城捕頭秦瓊緝捕。秦瓊與咬金等人是好友。因此故意延緩。楊林引軍至歷城，秦知衆友無備，故意被楊擒去，咬金也被擒。單雄信等設法將二人救出。劇中尤俊達勾紫色三塊瓦臉。

金甲

見於京劇《賈家樓》。程咬金、尤俊達劫皇綱。靠山王楊林聞之大怒，令歷城捕頭秦瓊緝捕。秦瓊與咬金等人是好友，故意縱之，秦母壽誕之期，江湖衆友於賈家樓與秦瓊結拜，並祝壽，金甲爲三十六友之一。在劇中金甲勾黃碎花臉，屬將官類譜式，黃色示其勇猛。

程咬金

見於京劇《賈家樓》。程咬金、尤俊達劫皇綱。靠山王楊林聞之大怒，令歷城捕頭秦瓊緝捕。秦瓊與咬金等人是好友。因此故意延緩。楊林引軍至歷城，秦知衆友無備，故意被楊擒去，咬金也被擒。單雄信等設法將二人救出。此譜爲勾綠色花三塊瓦臉。表現其性格莽撞，勇猛暴躁，綠色標幟其綠林身份。此譜式爲汪鑫福筆法。

中國京劇經典臉譜

程咬金

見於京劇《響馬傳》。楊林派鄧芳押解皇綱去長安，途中被程咬金等劫走。歷城捕快秦瓊奉命查訪，知是好友所爲。秦瓊母親生日，單雄信等在賈家樓聚會並結拜爲兄弟。楊林引軍至歷城，秦知衆友無備，故意被楊擒去，咬金也被擒，誘楊林離境。單雄信等至瓦崗起義。楊林以秦瓊爲誘餌，欲將瓦崗群雄一網打盡，但被瓦崗軍所敗，秦瓊也同上瓦崗寨。此譜爲袁世海舞臺臉譜，勾綠色花三塊瓦臉，表現其性格莽撞、勇猛暴躁，綠色示其綠林身份。

崔鈺

見於京劇《游地府》。唐太宗因未救得涇河龍王一命，每日遭冤魂騷擾不得安寧，後被告上陰曹索命，臨行丞相魏徵交其書信一封，帶給判官崔鈺，請崔看在同窗之誼，對太宗加以關照，後果然被放還陽。崔鈺勾花元寶臉。

鍾馗

出自《鍾馗嫁妹》。鍾馗勾花元寶臉。鍾馗中進士後，因相貌醜而被貶落榜，羞憤自殺。此譜紋理複雜，面顯猙獰，但多用紅色以示其正。鍾馗被封爲捉鬼驅邪之神。

書香傳家

如來佛

見於京劇《十八羅漢鬥悟空》。孫悟空大鬧天宮後，玉帝派天兵天將捉拿悟空，但仍不敵，二郎神、哮天犬助戰。太上老君用金剛琢打倒悟空，將其擒至天界，刀砍斧鑿俱不能傷，又投入老君爐中燒煉。悟空被煉成火眼金睛，跳出爐後戲謔老君。如來佛遣十八羅漢與之酣鬥，最後悟空被如來佛施法降伏。劇中如來佛勾金色神佛臉，額光畫紅舍利，藍花眉鼻，法相莊嚴。

中國京劇經典臉譜

李靖

見於京劇《無底洞》。故事出於《西遊記》。女妖玉鼠精將唐僧劫至陷空山無底洞中，難以捕捉。孫悟空發現洞中供著托塔天王李靖和哪吒的牌位，於是拿著神牌上天宮告狀。天王和哪吒知道後，率天兵下界擒拿玉鼠精，唐僧得救。李靖勾紅三塊瓦臉臉譜，屬神僊類譜式。白眉子中加灰線，並壓黑色戟形圖案，鼻尖至額頂勾金色單面戟，或畫金色塔形，以示其爲托塔天王。

太上老君

見於京劇《十八羅漢鬥悟空》。孫悟空大鬧天宮，偷喫太上老君的僊丹。太上老君用金剛琢打倒悟空，將其擒至天界，刀砍斧鑿俱不能傷，又投入老君爐中燒煉，結果煉就悟空火眼金睛，悟空跳出爐後戲謔老君。如來佛遣十八羅漢與之酣鬥，最後悟空被如來佛施法降伏。劇中太上老君勾粉色三塊瓦老臉，額光太極，顯玄妙神奇。

二郎神

見於京劇《安天會》。故事取材於《西遊記》。孫悟空偷喫僊桃後又闖入兜率宮，將太上老君煉製的金丹盡數喫光後，回到花果山。玉帝聞報大怒，命托塔天王李靖率天兵天將捉拿。一番大戰，悟空因被二郎神的哮天犬咬住了小腿而被擒。金三塊瓦神僊臉，在金色腦上加勾一隻眼睛，表現傳說中的二郎神有三隻眼的特徵。

巨靈神

見於京劇《安天會》。孫悟空偷喫僊桃後又闖入兜率宮，將太上老君煉製的金丹盡數喫光後，回到花果山。玉帝聞報大怒，命托塔天王李靖率天兵天將捉拿。李天王派巨靈神爲先鋒，征討孫悟空；巨靈神使雙錘，被孫悟空打得敗陣而逃。後來悟空因被二郎神的哮天犬咬住了小腿而被擒。劇中巨靈神勾神怪臉，額部畫人頭，表示面呈善惡併列肅煞逼人。

第一冊

三十六

書系傳家

青龍

見於京劇《安天會》。孫悟空偷喫僊桃後又闖入兜率宫，將太上老君煉製的金丹盡數喫光後，回到花果山。玉帝聞報大怒，命托塔天王李靖率天兵天將捉拿。後來悟空因被二郎神的哮天犬咬住了小腿而被擒。天庭星官青龍是奉旨捉拿孫悟空的天兵天將之一。劇中青龍勾藍色象形臉，紅腦門，巨口，金眼圈金下巴，形似龍頭。

白虎

見於京劇《安天會》。孫悟空偷喫僊桃後又闖入兜率宫，將太上老君煉製的金丹盡數喫光後，回到花果山。玉帝聞報大怒，命托塔天王李靖率天兵天將捉拿。後來悟空因被二郎神的哮天犬咬住了小腿而被擒。天庭星官白虎是奉旨捉拿孫悟空的天兵天將之一。劇中白虎勾白膛象形臉，額頭畫王字，巨嘴獠牙，突出虎相。

墨猴

見於京劇《安天會》。故事取材於《西遊記》。孫悟空被封齊天大聖，看守蟠桃園偷喫僊桃後，又闖入兜率宫，將太上老君煉製的金丹盡數喫光後，回到花果山。墨猴爲大聖的馬童，劇中墨猴勾象形臉，以黑色爲主的猴臉。

大鵬

見於京劇《十八羅漢收大鵬》，又名《獅駝嶺》。唐僧一行路經獅駝嶺，遇青獅、白象、大鵬攔阻。孫悟空運用變化，破陰陽瓶，力降獅、象；又中大鵬之計，師徒四人全體被擒。悟空逃出，請如來及十八羅漢降伏了大鵬。他在劇中勾金色象形臉，鳥嘴，嘴邊飾飛翅圖案，呈金翅大鵬之相。

白象

見於京劇《獅駝嶺》。唐僧一行路經獅駝嶺，遇青獅、白象、大鵬攔阻。孫悟空運用變化，破陰陽瓶，力降獅、象；又中大鵬之計，師徒四人全體被擒。悟空逃出，請如來及十八羅漢降伏三妖，白象被主人普賢收伏。劇中白象勾灰藍象形臉。

馬天君

見於京劇《安天會》。故事取材於《西遊記》。孫悟空偷喫僊桃後又闖入兜率宮，將太上老君煉製的金丹盡數喫光後，回到花果山。玉帝聞報大怒，命托塔天王李靖率天兵天將捉拿。馬天君爲天王麾下四大天君之一。此譜爲白三塊瓦臉，腦門火焰示其爲僊家。

孫悟空

見於京劇《安天會》。故事取材於《西遊記》。孫悟空偷喫僊桃後又闖入兜率宮，將太上老君煉製的金丹盡數喫光後，回到花果山。玉帝聞報大怒，命托塔天王李靖率天兵天將捉拿。一番大戰，悟空因被二郎神的哮天犬咬住了小腿而被擒。孫悟空臉譜爲象形臉，眼圈用金色或粉色，金色表示火眼金睛。此譜式爲李少春舞臺譜式。

豬八戒

見於京劇《無底洞》。唐僧被玉鼠精抓去逼婚，孫悟空救唐僧，得而復失。孫悟空盜得鼠精供奉義父托塔天王李靖和哪吒的牌位，乃上天請天兵降伏妖精，救出唐僧。豬八戒是唐僧的門徒，原爲天蓬元帥，因酒後戲弄嫦娥而被玉帝貶下凡塵，錯投豬胎。觀音菩薩將他收入佛門，後隨唐僧西行取經。劇中豬八戒勾象形臉，突出豬臉形相，其俗心未泯、憨態可掬。

書香傳家

沙僧

見於京劇《無底洞》。唐僧被玉鼠精抓去逼婚，孫悟空救唐僧，得而復失。孫悟空盜得鼠精供奉義父托塔天王李靖和哪吒的牌位，乃上天請天兵降伏妖精，救出唐僧。沙僧是唐僧的門徒，原爲靈霄寶殿的捲簾大將，因失手打碎玻璃盞而被玉帝貶下凡間。觀音菩薩將他收入佛門，後保唐僧西行取經。劇中沙僧勾僧道臉，黑眉，藍鼻窩，忠心耿耿、憨厚老實。

混世魔王

見於京劇《石猴出世》。故事取材於《西遊記》。孫悟空從菩提祖師學藝時，花果山的妖王混世魔王經常欺虐水簾洞衆猴。悟空學成後回到水簾洞，大戰混世魔王，將其除掉。在劇中混世魔王勾神怪臉，鋸齒獠牙，面目猙獰。

中國京劇經典臉譜

第一冊　三十九

書香傳家

牛魔王

見於京劇《水簾洞》。孫悟空漂洋過海學道，得七十二變化神通廣大，回到花果山自封「齊天大聖」。在水簾洞内與牛魔王等妖王結交爲兄弟。被指點去東海龍王處借寶。在劇中牛魔王勾金色三塊瓦臉，因修煉五百年近似人形，表示其道行不淺。

閻王

見於京劇《鬧地府》。孫悟空打到地府閻羅殿，閻王不敢招惹悟空，衹能好言相勸，無奈地命掌案判官取出生死文簿給悟空看，悟空將簿内猴類死籍勾銷。劇中閻王勾藍色花元寶臉，金腦門，表示其爲執掌世間生死的主宰，既尊崇又威煞。

劉伯欽

見於京劇《五百年後孫悟空》。故事取材於《西遊記》。唐僧前往西天取經，在獵人劉伯欽的護送下來到了兩界山，聽到呼救聲，看到孫悟空被壓在五行山下。於是，唐僧揭去符咒將其救出，收爲弟子，一路保護唐僧前往西天取經。

黃袍怪

見於京劇《寶象國》。孫悟空因打死白骨精被唐僧逐走。唐僧後被黃袍怪所擒，幸怪之妻爲寶象國百花公主，放了唐。唐至寶象國見國王，怪又化身爲人入朝，以幻法誣唐爲虎精，將他鎖禁。小白龍化身白馬與怪相鬥不敵，乃囑八戒往花果山，智激孫悟空前來降妖救師。黃袍怪爲二十八宿奎木狼私自下界、爲害一方的妖王，在劇中勾黃神怪臉。

靈吉菩薩

見於京劇《黃風嶺》。唐僧一行路經黃風嶺，唐僧被黃風大王部下虎精攝去。孫悟空、豬八戒力殺虎精，但難勝黃風，於是請靈吉菩薩降妖，救出唐僧。

伶俐蟲

見於京劇《平頂山》。唐僧師徒四人路經平頂山，太上老君之金、銀二童子，化身爲金角大王、銀角大王二妖，計困孫悟空，攝去唐僧。孫悟空運用機智，盜取二妖所持之葫蘆、幌金繩諸法寶，剪除二妖之母狐精，降伏二妖。伶俐蟲是金角、銀角二王手下的小妖。

大鬼

見於京劇《鬧地府》劇中之大鬼，地府鬼卒頭目，悟空鬧地府與之有場惡鬥。譜式勾神怪臉，色調以灰爲主，面門填緑色流雲，陰森肅穆。

金錢豹

見於京劇《紅梅山》。紅梅山山妖金錢豹向富戶鄧洪提親强娶。恰好唐僧等人前來投宿，孫悟空命豬八戒化爲鄧女，孫悟空化爲丫鬟，待金錢豹進入洞房，欲擒之。一番打鬥後，金錢豹敗走。後悟空請來天兵天將協助，終將金錢豹擒住。此譜爲勾金色碎花臉，腦門呈豹頭，屬象形臉，此譜爲侯少奎先生藏譜。

廖習沖

見於京劇《四傑村》。故事發生在唐代。賀世賴誣蟣駱宏勛爲盜。僕餘千見主人被捕，逃出求救。狄仁傑將駱、賀二人押赴京城。途經四傑村時，駱被仇家朱龍兄弟劫持。雲遊僧肖月、鮑賜安父女、花振芳合力殺死朱龍兄弟，將駱救出。劇中廖習沖勾紅三塊瓦臉，紅色象徵忠誠，但在廖的臉譜上略有貶意，衹突出他的教頭身份而已。

鮑賜安

見於京劇《巴駱和》。故事出自小説《緑牡丹》。馬金定與駱宏勛有殺子之仇，鮑賜安、花振芳帶領肖月、胡璉、胡理等説和。馬金定佯允，令駱孝服祭其子，同時，讓人埋伏準備殺駱，幸好胡理及時救出宏勛。鮑再苦勸，令駱認馬金定爲義母，始釋仇怨。鮑賜安臉譜譜式爲白三塊瓦臉。

武三思

見於京劇《謝瑤環》。武則天派女官謝瑤環巡視江南。梁王武三思子武宏和來俊臣弟蔡少炳，因強搶民女與義士袁行健打鬥，謝瑤環用尚方劍斬蔡少炳，杖責武宏。謝瑤環見袁行健豪俠仗義，二人結成夫妻。武三思等爲子弟報仇，誣謝瑤環謀反，謝瑤環被酷刑致死。武則天盛怒，誅來俊臣、武宏，撤武三思職，追封謝瑤環爲定國侯。劇中武三思勾黃三塊瓦臉。

安祿山

見於京劇《馬嵬坡》。安祿山因與楊國忠不和，起兵范陽反唐，唐玄宗倉皇攜楊玉環逃奔蜀中，至馬嵬坡。六軍不發，共誅楊國忠，並請殺玉環以謝天下，玄宗忍痛將楊玉環縊死，及回鑾，乃哭祭其墓。安祿山勾黃三塊瓦。

中國京劇經典臉譜

第一冊　四十二

書香傳家

黃巢

見於京劇《祥梅寺》。故事發生在唐代。唐僖宗時，祥梅寺和尚了空看到二鬼偷油，偷聽後得知黃巢起兵造反時欲殺了空祭旗，了空哀求黃巢，黃巢囑其起兵時藏匿。黃巢起兵後，了空藏於樹中，黃搜其不得，於是提刀砍樹，誰知恰好將了空殺死。此譜爲勾紅三塊瓦，一字眉，鼻生三孔，面帶金錢。爲傳統勾法。

朱溫

見於京劇《太平橋》。唐末，朱溫宴請李克用，欲在宴席上殺之。克用赴宴，朱溫妻唐公主李氏將此事告知克用。克用逃出。朱溫怒殺公主幸賴部將史敬思死力而戰，克用才得逃脫，途中遇到李存孝，驚退朱溫。在劇中朱溫勾綠色花三塊瓦臉。

葫蘆大王

見於京劇《摩天嶺》。薛仁貴掛帥，領兵進攻摩天嶺，但因山路險要，又有強敵把守，難以攻破。於是喬裝改扮，入山打探敵情，遇賣弓之毛子貞，殺之，冒充其子，得會周文、周武並結爲金蘭。夜間說服二人以爲内應，乘勢攻山，山上守將葫蘆大王、猩猩膽等力戰不敵，薛仁貴大破摩天嶺，葫蘆大王逼走。劇中葫蘆大王全臉共勾有九個葫蘆，屬黑十字門裏花臉譜。

蓋蘇文

見於京劇《淤泥河》。故事發生在唐代。蓋蘇文興兵犯境，唐太宗被困鳳凰嶺的淤泥河，幸遇薛仁貴趕來救駕，射退蓋蘇文。蓋蘇文臉譜爲藍三塊瓦臉。

中國京劇經典臉譜

第一冊　四十三

書香傳家

花振芳

見於京劇《巴駱和》。故事出自小說《綠牡丹》。馬金定與駱宏勛有隙，鮑賜安、花振芳帶領肖月、胡璉、胡理等說和。馬金定佯允，令駱孝服祭其子，同時，讓人埋伏準備殺駱，幸好胡理及時救出宏勛。鮑再苦勸，令駱認馬金定爲義母，始釋仇怨。此譜爲粉紅三塊瓦老臉，眼窩下落，眼皮鬆弛下垂，翳鬚眉毛變黪，突出老當益壯的英雄形象。

李仁

見於京劇《牧羊圈》。朱春登新婚後與弟春科從軍，嬸母宋氏爲謀家產，逼其妻錦堂改嫁其侄宋成。錦堂不從，被罰上山放羊。春登屢立戰功，封平西侯，賜假還鄉，夫妻相認。宋氏難以自容，觸石而亡。朱春登的中軍官李仁臉譜譜式爲勾白三塊瓦臉譜，印堂勾海棠花圖案，顯露其特別的性格。

包公

見於京劇《鍘美案》。陳世美考中狀元，被招爲駙馬。結髮妻子秦香蓮帶二子到京城投靠，不想陳竟企圖殺人滅口。香蓮投告於包公。包將陳抓捕。皇姑、太后急來說情。包鐵面無私，終將陳世美鍘死。此譜爲黑整臉，墨黑如漆。腦門中心用白色油彩勾畫出一彎新月，表示日斷陽、夜斷陰的傳奇色彩；眼上勾一對緊鎖的白眉，示其爲民伸冤、終日操勞之相。

鼠精

見於京劇《雙包案》。包公回京放糧，途遇黑鼠精變成自己模樣，來到公堂之上。一個包公變爲兩個；真假辨認不清。包公衹好請來張天師派神將來助，才將假包公收服。此譜摹繪高榮奎先生筆意，譜式爲鼠象形臉。

中國京劇經典臉譜

兀術

見於京劇《戰金山》。金兀朮領兵侵宋，韓世忠與梁紅玉夫婦共同抗金，雙方在金山江上交戰，梁紅玉擂鼓助陣，與韓世忠率二子合兵大敗金兵；在黃天蕩大敗金兀朮。兀術臉譜爲黑底金紋武花臉，顯示其驍勇善戰，爲異邦之主。

楊七郎

見於京劇《金沙灘》。故事發生在北宋時期，遼主天慶王在金沙灘宴請太宗，打算乘勢威脅，進佔中原。楊繼業識破陰謀，令兒子楊大郎假扮宋君，與七個弟兄赴會。雙方血戰，大郎、二郎、三郎陣亡，四郎、八郎被擒。此譜爲黑色碎花臉。額前畫有白色一筆「虎」字，象徵他是黑虎星下凡，勇猛頑強，後被潘洪謀害。

高旺

見於京劇《牧虎關》。楊繼業父子爲潘仁美所害。部將高旺出關逃隱。佘太君征討天堂六國，請高旺相助。高旺行至牧虎關，遇其子張保，張保不識高旺。與高交戰，敗回。易其媳出戰，也敗。旺抵關下，見到老妻，全家相認。高旺臉譜譜式爲黑十字門臉，灰嘴窩示其年事已高。

孟良

見於京劇《洪羊洞》。故事發生在北宋，楊繼業死後，遺骸被藏在洪羊洞中。楊延昭夢到父親囑其取回。乃命孟良前往。焦贊暗隨孟良至洪羊洞中，被誤殺。孟良將遺骨交於降番之宋兵，亦自刎而亡。楊延昭得信，驚悼成疾，遂至不起。孟良臉譜勾花三塊瓦臉，示其忠勇；額頂至鼻勾一隻倒置的紅色葫蘆，寓其善用「火葫蘆」。

書香傳家

焦贊

見於京劇《打焦贊》。孟良攜楊排風趕至三關，孟良讚揚楊排風武藝高超，焦贊不服。於是孟良便唆使焦贊與楊排風比武。兩人都使棍，戰不下幾個回合，焦贊便被楊排風打倒在地。一旁觀戰的楊延昭於是傳令出關迎戰。劇中焦贊勾黑花三塊瓦臉，精神俊朗。

焦廷貴

見於京劇《楊門女將》。楊宗保中箭陣亡，宋王想屈辱求和。佘太君向宋王痛陳利害，親自掛帥，率領衆女將及曾孫楊文廣出征。穆桂英、楊文廣、楊七娘在山中採藥老人的幫助下，發現棧道。從背後偷襲敵軍，大勝凱旋回朝，焦廷貴爲大將焦贊之子，勾十字門臉。

王文

見於京劇《楊門女將》。楊宗保中箭身亡，宋王想屈辱求和。佘太君向宋王痛陳利害，親自掛帥，率領衆女將及曾孫楊文廣出征。穆桂英、楊文廣、楊七娘在山中採藥老人的幫助下，發現棧道。從背後偷襲敵軍，大勝凱旋回朝。劇中王文勾油白三塊瓦臉，表示其梟勇殘暴。

晁蓋

見於京劇《生辰綱》。大名留守梁世傑派人將生辰綱運往東京爲其岳父蔡京祝壽，劉唐探知後，奔告鄆城東溪村保正晁蓋，卻誤宿靈官殿，被都頭雷橫所擒。晁蓋假認劉唐爲己甥，使雷橫放了劉唐，留他在莊上。後來晁蓋等人用蒙汗藥迷倒押送人，智取生辰綱。劇中晁蓋勾黄色三塊瓦臉，印堂畫橢圓紅光，顯示其是位心懷壯志的老英雄。

公孫勝

見於京劇《生辰綱》。大名留守梁世傑派人將生辰綱運往東京爲其岳父蔡京祝壽，劉唐探聽得知後，奔告晁蓋。後來晁蓋糾合公孫勝等人用蒙汗藥迷倒押送人，智取生辰綱。公孫勝師從羅眞人，能呼風喚雨，騰雲駕霧。劇中他勾粉三塊瓦臉，腦門畫太極，示其知陰陽八卦。

中國京劇經典臉譜

第一冊

四十七

書香傳家

劉唐

見於京劇《劉唐下書》。晁蓋聚義梁山，感念宋江搭救之恩，令赤髮鬼劉唐攜黃金及書信至鄆城致謝。劉唐路遇宋江，宋江恐被他人所知，引劉唐至酒樓，取書還金，後遣劉唐回山。《劉唐下書》中的劉唐，勾「藍葫蘆」臉，戴紅髮髻，紅耳毛，劉唐髯，以示其赤髮鬼綽號。

徐寧

見於京劇《雁翎甲》。高俅因弟高濂被殺，保薦呼延灼率韓滔等同攻梁山。呼延灼擺佈連環馬，梁山不敵。湯隆薦徐寧可破此連環馬，吳用計遣時遷入東京盜取徐寧祖傳寶物雁翎甲，徐寧追至梁山，湯隆勸其聚義。徐寧教使鉤鐮槍，宋江大破連環馬。在劇中徐寧勾紫三塊瓦臉。

呼延灼

見於京劇《打青州》。呼延灼兵敗投青州，桃花山李忠、周通盜去其馬，呼延灼借兵攻山，李、周不敵，求救二龍山魯智深、武松，魯等與呼延灼酣戰，白虎山孔明、孔亮攻青州，呼延回救，擒孔明。孔亮奔梁山求救宋江，領兵會合三山，計擒呼延灼勸降，打破青州。此譜爲黑碎花臉。

楊志

見於京劇《楊志賣刀》。故事出自《水滸傳》。楊志因途中遇風翻船，丟失花石綱，不敢回京復命，盤纏用盡，想賣了祖傳的寶刀。不料受到當地潑皮牛二欺凌，憤而殺之，被充軍大名府。大名府梁中書愛楊志武藝，提拔楊志做了提轄使。此譜爲綠碎花臉，爲翁偶虹先生藏譜。

魯智深

見於京劇《野豬林》。魯智深至東京汴梁，與林沖結識。太尉高俅之子遊廟時，見林妻貌美，欲佔爲己有，便與陸謙設計陷害林沖，把他發配滄州。陸謙又買通解差董超、薛霸，在途中欲將林暗害。魯智深暗地跟蹤至野豬林，救林脫險。劇中魯智深勾僧道臉。

李逵

見於京劇《李逵探母》。取材於《水滸傳》。梁山好漢李逵回家探母。李逵之兄李達不孝，李逵背母奔往梁山。不想路過山林時，母親被虎所食，自己也被官府所擒。梁山好漢下山救出李逵。李逵臉譜譜式爲花臉，又稱蝴蝶臉，腦門繪有螺旋紋的圖案，顯示其性格嫉惡如仇、狹肝義膽，脾氣火爆。

書香傳家

大解差

見於京劇《武松》。武松殺死了嫂子及西門慶後，被發配孟州，途經十字坡，宿張青夫婦店中。當夜，張青外出未歸，其妻孫二娘單獨行刺武松，反被武松打敗，正在此時，張青歸來，認出武松是打虎好漢，雙方以禮相待，和解訂交。大解差是押解武松的人，屬於二花臉。

穆春

見於京劇《小孤山》。宋江發配江州，途中遇薛永，同入潯陽樓飲酒，適穆家寨穆弘、穆春，爲爭座位與二人動武，薛永被擒，宋江逃至江邊，遇小孤山寨主李俊率張横等救下宋江，薛永並説和穆家兄弟，同上梁山。劇中穆春勾花元寶臉，表示其豪放不羈的性格。

張順

見於京劇《鬧江州》。宋江被刺配江州，醉後誤題反詩，被黃文炳看到後告發。宋江屈打成招，戴宗也受到連累，被判死罪。危難時刻，梁山好漢將兩人從法場救出。張順譜式爲白花三塊瓦臉。眉子形狀呈橢圓鴨蛋形，故稱鴨蛋眉，爲臉譜中獨有的眉式。

王英

見於京劇《扈家莊》。宋江引兵攻打祝家莊，扈三娘前來增援，與梁山好漢酣戰，擒獲王英，力敗衆頭領，後來被林沖所擒。王英原爲車家出身，因劫客入獄，越獄後落草清風寨，後遇宋江而投奔梁山。劇中王英勾醜臉，黃色爲主色，紅眉；畫形似虎紋的紅紋，以表示其綽號「矮腳虎」。

書香傳家

孫立

見於京劇《三打祝家莊》。宋江兩次攻打祝家莊均未成功，正籌思破莊之計，恰逢孫立兄弟來投，因他與祝家莊教師欒廷玉是師兄弟，便使之假投欒廷玉，佯稱合禦梁山，入莊作内應。又差石秀出戰，故意被孫立擒去，使祝莊不疑。後來宋江外攻，大破祝家莊。劇中孫立勾黑色通天臉，表示其剛勇耿直、魯莽爽快的性格。

雷橫

見於京劇《二友雙雄》。鄆城縣都頭雷橫，不滿知縣腐敗無能、欺壓百姓，又因受到知縣所寵妓女白秀英的污辱，愈加不滿，因此對知縣時有頂撞，知縣很厭惡他。後因枷打白秀英致死，被問罪發配，途中得解差朱仝釋放，經吴用等人舉薦，投奔梁山。劇中雷橫勾黃碎臉，紅花眉，腦門勾雲紋。

關勝

見於京劇《收關勝》。關勝奉旨率領宣贊、郝思文攻打梁山，經蘆林坡與扈三娘等激戰，梁山好漢合力抓獲關勝，關勝歸順。關勝臉譜譜式爲紅三塊瓦臉。關勝善用大刀，所以雙眉勾成刀形，以突出其綽號「大刀」關勝。

李俊

見於京劇《蘆林坡》。宋江攻大名府，解救盧俊義；蔡京乘機遣關勝用「圍魏救趙」之計，直攻梁山。張順方與阮小七駕舟巡哨，同赴朱貴酒店飲酒，李俊、阮小二、孫二娘、顧大嫂相繼而至，忽得關勝進兵之信，於是急急回山，奮力迎戰。李俊原在揚子江撐船，後投梁山；他精通水性，武藝高強。其譜式爲勾三塊瓦老臉。

索超

見於京劇《大名府》。梁山首領晁蓋被史文恭射死，宋江爲報此仇，與吳用設計將河北盧俊義賺上梁山，因盧的夫人與管家李固私通，此事被告發，致盧俊義被官府發配，梁山好漢下山營救，索超是大名府駐守武官，也是水泊英雄勁敵，城破被擒，也降了梁山。索超臉譜爲藍三塊瓦臉。

單廷珪

見於京劇《菊花宴》。單廷珪原是淩州團練使，善用水浸兵法，後經蔡京舉薦，和魏定國率兵征剿梁山，後來被關勝說降，歸順梁山。在劇中單廷珪勾綠碎臉，綠腦門畫紅水紋，譜式十分獨特。

皇甫端

見於京劇《東平府》。宋江攻東平府前，史進喬妝入城，借宿於妓女李瑞蘭家。由於李父母出賣，史被雙槍將董平擒獲，董出戰，梁山皆非董的對手。宋江定計，再次攻城，詐敗，騙董平來追，設伏擒獲董平，勸其同聚義。皇甫端原是獸醫，善相馬，精醫獸；宋江攻東昌府時，經張清舉薦入夥梁山。其譜勾三塊瓦臉，紫眉、黑眼窩、紅臉膛、紫嘴窩。

中國京劇經典臉譜

僊鶴童

見於京劇《盗僊草》。金山寺僧法海，警告許僊白娘子爲蛇妖所變。端陽節日，許聽從法海之言，勸白飲雄黃酒，白現原形，許僊驚嚇而死。白潛入崑崙山，盗取靈芝僊草，遭鶴、鹿二僊童阻止，白素貞不能取勝，南極僊翁出面贈以靈芝，救活許僊。此爲齊如山所藏譜式。

楊林

見於京劇《三盗令》。金兵侵宋，大名招討劉豫擬降金，關勝時爲大名副將不從，劉豫欲害之。梁山好漢燕青、楊林、蔡慶盗得金邦木卡令救出關勝。金兵追至，燕青等與關勝部兵合力殺退金兵，同赴飲馬川聚義。楊林臉譜譜式爲黃花元寶臉。

第一冊 五十二

書香傳家

常遇春

見於京劇《狀元印》。故事内容發生在元末，各地起義軍揭竿而起，丞相薩敦假設武科場，誘起義將領至京都爭奪「狀元印」，意欲使其自相殘殺，一網打盡。常遇春奪得武狀元。薩敦賜毒酒，被常遇春識破，常帶領衆人反出武科場，元軍大敗。常遇春臉譜譜式爲勾紫三塊瓦臉，紫色象徵孝義。

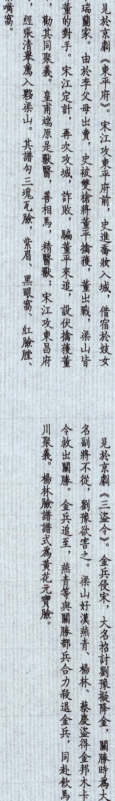

張定邊

見於京劇《九江口》。元末，北漢王陳友諒與吳王張士誠結爲姻親，並約好兩家夾攻金陵朱元璋。張在迎親途中，被劉伯溫擒獲。劉另派大將華雲龍冒充張仁去北漢詐親。陳友諒不顧元帥張定邊苦勸，於八月中秋，如約出兵，陳友諒戰敗，幸虧張定邊帶領八百護衛軍，改扮成漁民模樣，奮力勇戰，陳友諒才得以逃生。

秦尤

見於京劇《蓮花湖》。飛天鼠秦尤爲報父仇行刺鏢客勝英，誤傷其盟弟李剛，勝英派弟子黃三太等捉拿秦尤。在酒肆中相遇格鬥，黃三太受傷，勝英大怒。秦尤逃往蓮花湖韓秀處，韓秀邀勝英來蓮花湖較量。勝英到後，先令門下與韓秀比武，皆被韓所敗。勝英親自與韓秀較量，韓敗，韓遂拜勝爲師。秦尤勾綠膛花臉。

徐延昭

見於京劇《探皇陵》。取材於鼓詞《香蓮帕》。故事發生在明代，穆宗朱載垕去世，太師李良巧言蒙騙李艷妃，欲謀取皇權。徐延昭、楊波進諫被斥。楊波帶領子弟兵去保護皇陵，遇到探陵的徐延昭。二人相約，再次進宮進諫。劇中徐延昭勾紫六分臉，紫色顯示其肅穆剛正。

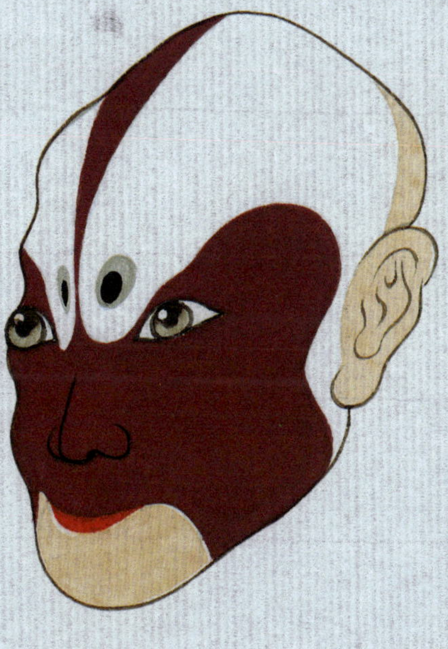

武文華

見於京劇《武文華》。三河知縣彭朋，因惡霸武文華的黨羽左青龍強佔民女，將其拿問至官。武文華大鬧公堂，被逐出，於是武文華陷害彭朋。後來萬君兆、李佩、李七侯等人合力將武文華拿獲。武文華勾白三塊瓦臉。

黃三太

見於京劇《九龍杯》。故事發生在清代，康熙的九龍玉杯失竊，傳旨黃三太緝拿盜杯之人。黃依計全之計，設宴邀請各路英雄爲己祝壽。席間，神偷王伯燕告以杯在周應龍之手，楊香武、王伯燕二人前往周府索還，周不肯。楊、王二人無奈，祇好設計將玉杯盜回。劇中黃三太勾粉紅三塊瓦臉，眼窩下垂表示其英雄暮年且老當益壯、雄心不泯之意。

竇爾墩

見於京劇《連環套》。《坐寨》是整本《連環套》的一折，以架子花臉舞蹈身段爲主，表現竇爾墩盜御馬之欣喜之態。此譜式爲裘盛戎舞臺臉譜。

竇爾墩

見於京劇《李家店》。彭朋被武文華所劾，罷官。白馬李七侯廣集綠林，謀劃爲其復職。鏢客黃三太命計全拿著自己的金鏢向綠林借銀，至河間竇爾墩處，竇不給，而且痛斥之。計全歸報，黃三太於是與竇在李家店比武，黃不勝，暗施甩頭一子打倒爾敦，爾墩羞愧而去。

書香傳家

梁九公

見於京劇《連環套》。太尉梁九公替主行圍射獵，竇爾墩因黃三太將其打傷，懷恨在心，故意盜走皇帝賜給太尉梁九公的御馬，並陷害黃三太，黃三太之子黃天霸，暗中訪拿。假意拜訪竇爾墩，誘竇自承盜馬，以語激竇，竇中計，露出御馬，天霸諸人後設計使竇爾墩歸案。梁勾紅色太監臉。

勝奎

見於京劇《劍鋒山》。九花娘遇到劍峰山焦振遠第五子焦信，二人臭味相投一起上山。彭朋遣張宗耀前往討逃犯遭拒。彭求焦振遠拜弟勝奎前往索要，丘成不得已，與伍氏三雄合力破山擒焦振遠和九花娘。勝奎、邱成與焦振遠爲拜把兄弟，勝奎勾白三塊瓦老臉。

中國京劇經典臉譜

巴永泰

見於京劇《連環套》。竇爾墩因黃三太在李家店比武時將其打傷，懷恨在心，故意盜走太尉梁九公的御馬，並陷害黃三太，黃三太之子黃天霸暗中訪拿。巴永泰爲梁九公的隨行大臣，其譜爲紅尖三塊瓦臉。

焦振遠

見於京劇《劍鋒山》。九花娘逃走，遇劍峰山焦振遠之五子焦信，被帶入山。彭朋知後派張宗耀往討，不果；求焦振遠拜弟勝奎前往索要，仍不從。勝奎轉求盟兄丘成，丘卻裝瘋；勝囑孫女勝玉環喬妝巨盜，劫丘的兒媳。丘成追出，勝奎乘勢再求，丘無奈，與伍氏三雄合力攻山擒焦振遠和九花娘。劇中焦振遠勾藍色老三塊瓦臉，藍色示其性格剛烈，印堂畫橢圓紅點。

周應龍

見於京劇《九龍杯》。故事發生在清代，康熙的九龍玉杯失竊，傳旨黃三太緝拿盜杯之人。黃依計全之計，設宴邀請各路英雄爲已祝壽。席間，神偷王伯燕告以杯在周應龍之手，楊香武、王伯燕二人前往周府索還，周不肯。楊、王二人無奈，衹好設計將玉杯盜回。此譜爲藍花三塊瓦臉。

濮大勇

見於京劇《九龍杯》。故事發生在清代，康熙的九龍玉杯失竊，傳旨黃三太緝拿盜杯之人。黃依計全之計，設宴邀請各路英雄爲己祝壽。席間，神偷王伯燕告以杯在周應龍之手，楊香武、王伯燕二人前往周府索還，周不肯。楊、王二人無奈，衹好設計將玉杯盜回。濮大勇是黃三太的盟弟，濮天鵬之父，其譜式爲褐色三塊瓦臉。

濮天鵬

見於京劇《惡虎村》，又名《江都縣》、《三義絶交》。江都知縣施世綸路經惡虎村，濮天鵬、武天虬將其劫往莊内欲爲江湖朋友報仇。黄天霸進莊，勸説不動，遂反目殺死了曾與自己結義的濮天雕和武天虬，救出施世綸。其譜勾紫膛花三塊瓦臉。

中國京劇經典臉譜

第一冊

五十六

書香傳家

傅國恩

見於京劇《畫春園》。惡人九花娘投奔知府傅國恩，建畫春園，園中滿佈陷阱。徐勝、劉芳等人前往探查，陷入機關被擒。張耀宗請神手大將紀有德及歐陽德前來相救，破了機關。將傅國恩擒獲，九花娘又逃走。在劇中傅國恩勾三塊瓦臉。

花得雨

見於京劇《保安州》。彭朋奉旨巡視北口，路經保安州。惡霸花得雨倚仗其叔花鎮山爲司禮監，強搶少女梁素貞，逼婚不從，打死後埋屍後院。梁女魂告彭朋，彭朋私訪恰遇花得雨，又被花僕識破其身份，誘他入莊中，連夜加以拷問，後歐陽德擒獲花得雨，救出彭朋。北譜爲藍三塊瓦譜式。

中國京劇經典臉譜

書香傳家

曹泰

見於京劇《虎邱山》。馬成龍在對河居與張大虎相遇，大虎故意尋衅，適馬夢太趕至，三人交談後，同遊虎邱山，途中遇曹泰率衆持奪胡賽花、韓紅玉。馬等與之交鬥，張廣泰趕至，協力敗曹。此譜式爲紅三塊瓦臉。

紀有德

見於京劇《畫春園》。惡人九花娘投奔知府傅國恩，建畫春園，園中滿佈陷阱。徐勝、劉芳等人前往探查，陷入機關被擒。張耀宗請神手大將紀有德及歐陽德前來相救，破了機關。將傅國恩擒獲，九花娘又逃走。劇中紀有德勾粉三塊瓦臉。

王棟

見於京劇《惡虎村》，又名《江都縣》、《三義絶交》、《三雄絶義》。江都知縣施世綸路經惡虎村，濮天雕、武天 將其劫往莊内。黄天霸殺死了曾與自己結義的濮天雕和武天虬，救出施世綸。王棟爲江都縣捕頭，是黄天霸下屬。此譜爲元寶臉。

楊香武

見於京劇《洗浮山》。浮山又稱大蟒山，寨主于六、于七謀反，賀天保探山，被于六飛抓擊傷面部而死，其子賀人傑替父報仇，與黄天霸聯手再攻山寨，並請來老英雄楊香武助戰，依楊香武計前後夾擊，于六遭擒，于七逃奔霸王莊，投靠黄隆基。劇中楊香武勾白三塊瓦老臉。

謝虎

見於京劇《拿謝虎》。謝虎奸殺婦女，作惡多端。施世綸派黄天霸前往訪拿，遇到舊友神眼計全，計全告訴天霸系謝虎所爲。黄追蹤至鄭州廟，恰遇謝虎，與之格鬥，不想黄中計被謝虎用毒鏢打傷，朱光祖至，謝虎逃走。此譜爲藍色花三塊瓦臉，額中畫一枝桃，藍色示其凶猛驍勇。

中國京劇經典臉譜

關泰

見於京劇《蚆蠟廟》。淮安土豪費德恭在蚆蠟廟，見梁氏女貌美，強搶回家，逼婚不成，亂棍打死。金大力路遇梁僕，引見施世綸，由褚彪定計，金大力與黄天霸之妻張桂蘭，及賀仁傑喬裝鄉民，故意來到費氏門前，費將張桂蘭搶去，張趁勢盜取費的寶劍、袖箭。黄天霸、金大力、關泰等人合力擒獲費德恭。關泰是施世綸手下部將，在劇中勾紅色三塊瓦臉。

薛金

見於京劇《薛家窩》。江湖義士張七有女桂蘭，薛家窩寨主薛金龍爲子向其求婚，桂蘭不允，因慕天霸之名，故意盜走施世綸金牌。天霸訪查到是桂蘭所爲，與桂蘭比武，互相愛慕遂訂婚約。薛金龍大怒率子搶親，施則與張七共破薛家窩。劇中薛金龍臉譜譜式爲白色三塊瓦老臉。

第一冊

五十八

書香傳家

鄧九公

見於京劇《紅柳村》。紀獻唐副將何杞，因拒絶紀代子求婚，被陷入獄，憂憤而死。其女玉鳳改名十三妹，奉母逃走。紀派武士包成功行刺，反爲玉鳳所擒，又加釋放。玉鳳往紅柳村投奔老俠鄧九公，適值綠林海馬周三與鄧尋仇，玉鳳打敗周三，鄧九公感激，收她爲徒。劇中鄧九公勾粉紅老三塊瓦臉。

紀獻堂

見於京劇《紅柳村》。紀獻唐副將何杞，因拒絶紀代子求婚，被陷入獄，憂憤而死。其女玉鳳改名十三妹，奉母逃走。紀派武士包成功行刺，反爲玉鳳所擒，又加釋放。玉鳳往紅柳村投奔老俠鄧九公，適値綠林海馬週三與鄧尋仇，玉鳳打敗週三，鄧九公感激，收她爲徒。劇中紀獻唐勾粉紅老三塊瓦臉。

火判

見於京劇《九蓮燈》。奸相賀道安殺刺客滅口，卻反誣閔覺所爲。閔入獄，其僕富奴救閔之子閔遠逃走，閔遠的妻子代之入獄。富奴遇火判，教以闖陰陽界，向道德眞君借九蓮燈，終於替閔覺申雪冤屈。火判是火神判官的簡稱，在劇中勾花元寶臉，此譜的眼窩近似鍾馗。

中國京劇經典臉譜

第一冊　五十九

書香傳家

侯喜瑞舞臺臉譜集萃

馬武

見於京劇《取洛陽》。西漢末年，劉秀興兵討伐王莽，兵至洛陽。守帥蘇獻防守嚴密。元帥鄧禹用激將法激馬武與岑彭二人相爭。馬武難忍怨氣，想要回太行山做大王，中途詐降蘇獻，蘇獻中計，開城門，鄧禹遂趁機殺進洛陽。此譜爲藍色碎花臉，爲侯喜瑞譜式。

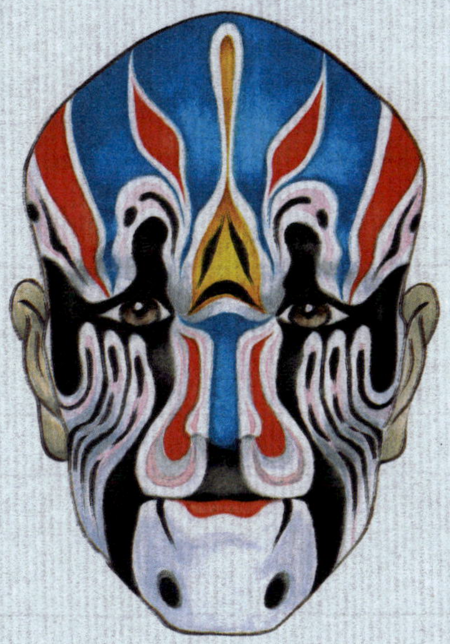

曹操

見於京劇《戰宛城》。宛城守將張繡投降曹操，曹操謀佔張繡的嬸娘，張繡大怒，設計偷襲曹營，曹操倉皇逃走。曹操臉譜的譜式爲水白整臉，細柳葉眉、眉心畫智慧紋，細目，表現滿腹韜略、胸存大志，白色作爲臉譜的主色，表示他生性奸詐多疑。此爲侯喜瑞先生舞臺譜式。

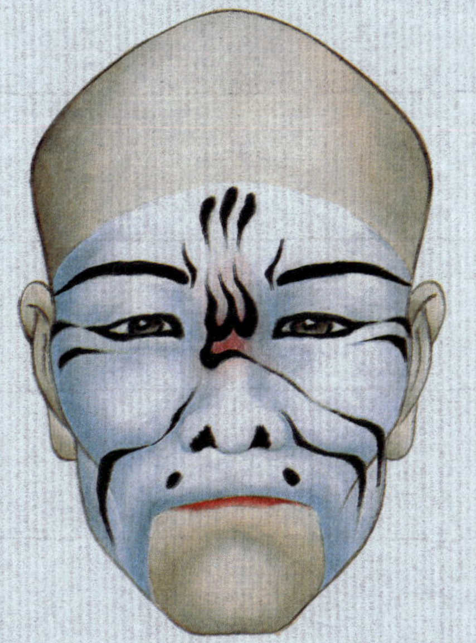

歐陽芳

見於京劇《下河東》，又名《斬壽廷》。北宋初年，趙匡胤征討北漢，以呼延壽廷爲先鋒，歐陽方爲帥。兩人不和，歐陽方私通了北漢，暗約敵軍劫宋營，幸呼延壽廷兄妹出戰，打退敵軍，轉敗爲勝。歐陽方奸謀未逞，反誣告呼延叛亂，斬了呼延壽廷。劇中歐陽芳勾水白臉，顯示其奸詐凶狠。此爲侯喜瑞先生舞臺譜式。

中國京劇經典臉譜

竇爾墩

見於京劇《連環套》。竇爾墩因黃三太將其打傷，懷恨在心，故意盜走梁九公的御馬，並陷害黃三太，黃三太之子黃天霸，暗中訪拿。假意拜訪竇爾墩，誘竇自承盜馬，以語激竇，竇中計，怒獻御馬，隨黃到官。譜式屬花三塊瓦，此譜爲侯喜瑞先生舞臺臉譜，侯派勾法簡潔明瞭，根據自身特點，眼窩直寬，黃眉上挑，威勁英武，表現人物剛直豪爽。

牛皋

見於京劇《牛皋招親》。故事發生在南宋，金兵入侵藕塘關，岳飛派牛皋率兵援救。金兵撤退後，藕塘關守將金節見牛皋武藝超群，性格爽朗，就將自己妻妹戚賽玉嫁與牛皋。戚賽玉文武兼備，在洞房中與牛皋比武后，又要他吟詩答對。牛皋信口應答，風趣橫生。牛皋的臉譜爲黑十字門臉，鳥眼窩細眉，象徵機智；寬鼻窩表示剛直威猛。此爲侯喜瑞先生舞臺譜式。

第一冊

六十

書香傳家

李佩

見於京劇《落馬湖》。施公率黃天霸等人到殷家堡擒寇，半途爲落馬湖水盜李佩所擒，李佩欲殺施公爲弟子毛如虎復仇，幸爲李大成救出，將施藏於山洞，李大成把此事告知黃天霸，與黃天霸裏應外合救出施公。李佩臉譜爲勾紫色三塊瓦臉。戴紮中盔、翎子、狐尾。掛慘滿，寬眉闊目、鼻窩直挺，額先黃中畫紅鋒。顯示出其雄壯剽悍的體魄、老謀深算的性格、綠林首領的威嚴。此爲侯喜瑞先生舞臺譜式。